AF451412

LA CYDIPPE

DE MONSIEVR LE CHEVALIER

DE BAVSSAYS.

PASTORALE.

A PARIS,

Chez IEAN MARTIN, fur le Pont
Sainct-Michel, à l'Ancre double.

M. DC. XXXII.

Auec Priuilege du Roy.

LETTRE A
MONSIEVR D. R.

ONSIEVR MON CHER AMY,

Estant sur le poinct de vous es-
crire, & de vous enuoyer les nouueautez de Paris pour vous diuertir en voftre
folitude, i'ay penfé que vous ne pouuiez rien
voir qui vous fuft plus agreable qu'vne Pa-
ftoralle de Monfieur le Cheualier de Bauf-
fays; non pas mefme quand ie vous enuoye-
rois le portrait de voftre Maiftreffe, qui donne icy de l'amour à tout le monde. L'eftime
que vous faites de fon efprit vous en fera
conceuoir vne bonne opinion; mais vous
ferez eftonné de voir vn ouurage fi rare, for-
y des mains d'vn homme dont l'humeur &

la profession ne semblent pas pouuoir souffrir deux heures d'estude. Et de faict il n'eust
iamais entrepris cette piece sans vne fieure
quarte qui luy dura quelque temps, où il ne
pouuoit auoir de plus douces resueries, ny
d'occupations plus loüables. Les plus sçauans & les meilleurs esprits de ma connois-
sance l'ont veuë auec estonnement. Le sujet
en est merueilleux ; l'inuention conduite
auec vn grand iugement ; les vers doux, son-
nants, delicats & majestueux : & toutes cho-
ses y paroissent auec vne grace admirable.
Il se vouloit encore occuper quelques iours
à polir cét œuure, mais d'autres desseins l'en
ont destourné. Ie vous supplie de m'en faire
sçauoir vostre sentiment, & de croire que ie
suis de tout mon cœur,

Monsieur mon cher Amy,

Vostre Seruiteur tres-
humble **T. R. F.**

uoir f
aict il n
vne fie
s, ou il
ueries,
s plus f
conne

Le f
cond
ux, fo
es ch
irabl
s iou
eins l
en fa
re qu

w n
R. F

LES ACTEVRS.

VENVS,

LVCILYS.

THERMODON.

CYDIPPE.

CYTHERE.

PALEMON.

MELINDOR.

SATYRE.

CYRENE.

LYCORIS.

CHOEVR.

LA CYDIPPE
DE MONSIEVR
LE CHEVALIER DE
BAVSSAYS.

PASTORALE.

PROLOGVE.

Venvs, en habit de Bergere.

V'vne profonde nuict d'vn repos nom-
pareil
Espanche dans le monde vn paisible
sommeil !
Que l'Vniuers m'estonne en ce morne silence !
Tous les vents renfermez calment leur violence ;

A iij

LA CYDIPPE,

La mer paſſe en douceur les plus calmes ruiſſeaux,
On ne diſtingue plus les rochers des vaiſſeaux :
Car l'Empire marin tient l'onde ſi tranquile
Qu'vn nauire ſans ancre y demeure immobile.
Les cheuaux tenebreux qui remmenent la nuict,
Et les ſonges legers volent ſans aucun bruit :
Ces phantoſmes ſçauans en miſeres futures
Murmurans des mortels les triſtes auantures,
Pour rendre auant le tẽps leurs eſprits malheureux,
Les inſpirent ſans bruit aux oiſeaux tenebreux.
Rien ne ſemble ébranler ces cauernes profondes
Que les monſtres marins qui ronflent ſous les ondes,
Et d'vn lent mouuement dont reſonnent les flots
Au creux de ces rochers réueillant les écots
Endorment d'vn doux bruit les filles de Neree
Au ſejour tranſparent de la plaine aſuree.
Alcyon ſe conſomme en souſpirs amoureux,
Et conte à ces eſcueils ſon deſtin rigoureux.
Les aſtres augmentans leur flame couſtumiere
Font trembler deſſous l'onde vne viue lumiere,
Et l'image du Ciel y trompant les oyſeaux
Les attire ſouuent ſur la face des eaux.
Le vieux Tithon ſommeille au beau ſein de l'Au-
    rore,

PASTORALE.

Le Soleil fermant l'œil dont l'Vniuers se dore
Cache deſſous les flots ſon viſage éclattant,
Où la Lune ſe mire en ſon voile flottant,
Augmente ſes attraits, & de ſes regards ſombres
Careſſant ſon Amant perce au trauers des ombres.
Et vous qui dans les Cieux terminez vos deſirs
Sur le comble diuin des ſouuerains plaiſirs,
Que le ſoin des mortels rarement vous tourmente,
Le nectar vous endort, mais Venus mal contente
Reſſent pour des Bergers vne extreme douleur,
Dõt le malheur pãchant rẽd ſon teint ſans couleur.
    Pour plaindre mes ennuis l'Aurore a peu de
       larmes,
Ils terniſſent l'eſclat de mes amoureux charmes,
Et m'ont fait conſentir arriuant dans ces lieux
A laiſſer aujourd'huy mes habits precieux;
Car de ces beaux threſors ne voulãt point paroiſtre
Afin que nul des Dieux ne me puiſſe connoiſtre
Aux ornemens luiſans de diuines clartez
Ie feins d'eſtre Bergere en ces bords écartez.
Moy dont l'entendement connoiſt les deſtinees,
Et preuient les effects du long cours des annees,
Ie ſçay bien que d'Amour le glorieux flambeau

Doit perdre sa lumiere en l'ombre du tombeau,
Qu'vne trouppe d'Amãts l'esclat de nostre Empire
Qui de sa douce flame incessamment souspire,
Doit finir aujourd'huy d'vn rigoureux trespas
Si le destin ne cede à nos puissans appas.
C'est le pressant danger dont ie me sens blessee,
Et le fascheux object qui trouble ma pensee.
En vain de mes attraits ie renflame les Cieux,
Ie gaigne sans profit le souuerain des Dieux
Qui n'ose destourner cét orage funeste;
Mais parmi tant d'ennuis ce reconfort me reste
Que ie pense esloigner les outrages du sort,
Et de charme & de traits arrester son effort.

En flattant mon enfant où mon espoir se fonde,
Quand le Soleil panchant laisse obscurcir le monde
Des voiles tenebreux dont les Cieux sont tendus,
D'vn nuage entournez nous sommes descendus
En la maison funeste où demeurent les Parques,
Où le chaume s'esgale au Palais des Monarques,
Où leurs fatales mains ostent l'ame du corps,
Où le triste silence, & le repos des morts
N'est troublé qu'aux regrets de la bande qui tombe
Des moles voluptez en l'effroyable tombe.

amais on n'y rencontre vn fauorable accueil,
Vn luminaire morne emporté du cercueil,
Aux Comettes semblable à trauers les tenebres
conduit les regards des puissances funebres
Qui cherchent les destins dans leurs tables d'airain,
Et rangent les mortels sous l'arrest souuerain.
à quittant mon enfant desia luisant de flame
Et preparant les traicts qui font blessure en l'ame,
Craignant qu'il ne succombe en ce nouueau dessein
ay redoublé ses feux l'approchant de mon sein.
Maintenát plein d'ardeur comme tombe la foudre,
Dont le dard rougissant met les rochers en poudre,
Embrasant de poison ses diuines douceurs
inspire son charme en la trouppe des Sœurs,
Et rendant leurs appas aux phantosmes aimables
Anime ces objects de beautez bien semblables,
Afin qu'estans comblez de longs rauissemens
Ils occuppent leurs mains dans les embrassemens,
Tandis que l'influence à nos Amans fatale
Sans effect respandra sa lumiere infernale.
Mais quelle douce erreur enchâte mon discours?
En vain contre la Parque on attend du secours.
Vous pouuõs recõduire au sommet des montagnes

Vn fleuue dont les flots tombẽt dãs les campagnes;
Alors que des éclairs on void les tremblemens
Iupiter d'vn regard change leurs mouuemens;
Et Neptune peut faire vne seiche valée
Où l'écume blanchit dessus l'onde salée.
Mais quand l'arrest fatal condamne les mortels
On a beau iusqu'aux Cieux éleuer des Autels,
Au dernier accident qui combat la nature
La presence d'vn Dieu sert moins que sa peinture.
Celuy qui tient la foudre apperceuant mourir
Son enfant Sarpedon ne l'osa secourir,
Et la plainte d'Hercule enceint d'vne fournaise
Ne le sceut obliger d'en esteindre la braise.
Qu'Apollon desolé souspira de regrets
Alors qu'il employa ses plus diuins secrets,
Pour rendre la belle ame à son ieune Hyacinte
Dont le trespas changea son nectar en absynte.
Et toy pauure Adonis, object delicieux,
Tu n'es plus maintenant le plaisir de mes yeux :
Qu'en mon bon-heur perdu ie rencontre de gloire
Quand l'agreable temps me passe en la memoire,
qu'à l'ombrage des bois, au doux son des Zephirs
Tes regards amoureux attiroient mes souspirs,

Que souuent nous mirant dans vne source claire
Nous n'auiõs autre objet que le soin de nous plaire;
Et qu'alors que mon fils te frappoit de ses traicts
Tu trouuois ton remede en mes plus doux attraicts:
Mais helas! ta beauté, ta grace accoustumee
En mourant disparut comme ombre de fumee.
Malheureuse Venus i'apperçeus mon Soleil
Tombant dans le Couchant de blessures vermeil,
Abattu par l'effort d'vne beste farouche
Comme tombe vne rose à qui la gresle touche.
Vous deuez donc mourir Bergeres & Bergers,
Pour qui ie preferois dans ces lieux bocagers,
Aux cabinets dorez, aux plus beaux iardinages,
Vos rochers desertez, & vos sombres fueillages.
Mais Venus & l'Amour animant l'Vniuers
Font viure en tous endroits tant d'animaux diuers,
Quoy donc ne pouuons-nous d'vn Empire supreme
Vous deffendre Bergers de ce malheur extreme?
Si la Parque d'amour peut iamais s'émouuoir,
I'espere qu'aujourd'hui vous sçaurez mon pouuoir:
Et soit que pouuant faire vn miracle si rare
I'empesche les malheurs que le sort vous prepare;
Soit que vos iours esteints d'vn funeste accident

Si proches de l'Aurore entrent dans l'Occident,
S'il faut qu'en vous quittant ma triste fantaisie
De regrets eternels en demeure saisie,
Et Venus & l'Amour animeront vos sens,
Esleuans vos discours de si diuins accens,
Que l'image en tombant dans l'écho des riuages
Adoucira l'humeur des animaux sauuages :
Qu'à vos plaintes la Lune excessiue en froideur
La sentira changer en amoureuse ardeur :
Qu'Apollon pour entendre vn si rare martyre
En silence tiendra ses chansons & sa lyre ;
Et la voix qui passa du Cocyte les bords
Dont le Royaume sombre admira les accords,
Ny les Cygnes mourans qui charment les oreilles,
N'auront point égalé vos douceurs nompareilles.

ACTE PREMIER.

SCENE I.

LVCILYS. THERMODON.

LVCILYS.

Doux ruiſſeaux murmurans, ſolitaires fo-
      reſts,
Rochers dont les écots ſont pleins de mes regrets,
Voyez en quel malheur ma fortune me range,
L'eſtat de l'Vniuers à tous momens ſe change;
Vos vergers où la neige eſtendoit ſa blancheur
Vont receuoir des lys l'ombrage & la fraiſcheur;
Quand la foudre d'éclairs trauerſe le nuage
Apres quelque murmure on voit calmer l'orage:
L'Aurore qui de fleurs nos campagnes peindra
De tant d'aſtres luiſans la lumiere eſteindra,

Mais l'esclat des beaux yeux dõt mõ ame s'allume
Comme vn rayon diuin iamais ne se consume,
Tousiours mes passions blessent mon iugement,
Ie souspire & n'espere aucun soulagement.
O secrette compagne, ô nuict sombre Deesse,
Dont le teint tenebreux paroist quand le iour cesse,
Qui depuis que ton voile entourne l'Vniuers,
Et couronne ton front de tant d'astres diuers
As connu des Amans les rigoureux supplices,
Comme des plus heureux les plus cheres delices,
Qui peut iamais souffrir vn si fascheux tourment
Que celuy qui m'emmene à mon dernier moment?

THERMODON.

Lucilys, quel ennuy t'inspire ces paroles?
Tu plairas à quelqu'autre.

LVCILYS.

En vain tu me consoles:

Berger dont l'amitié s'augmente en mon malheur,
Quand mon corps se peindra de funeste pasleur,
Qu'vn silence eternel dessous la sepulture
Finira les regrets de ma triste auanture,
Si quelque iour Cythere amene son trouppeau
Prés de l'endroit funeste où sera mon tombeau,

Dy-luy,

Dy-luy, Cythere, helas ! rigoureuſe & cruelle,
En ce lieu Lucilys, pauure Amant trop fidelle,
N'oſapt plus regarder l'eſclat de vos beaux yeux
Voulut abandonner la lumiere des Cieux.
Deeſſe, ſi tu voyois alors ſes beaux yeux pleins de charmes
D'vn regard doux & triſte, accompagné de larmes,
M'exprimer doucement ; i'en reſſens quelque ennuy :
C'eſt bien le ſeul bon-heur que i'eſpere aujourd'huy.
M'en veux-tu refuſer ?

THERMODON.

Reconfort miſerable !
Qui ſouſpira iamais d'vne douleur ſemblable ?
Pleuſt au Ciel que les vents luy portaſſent ta vois,
Ou qu'Echo luy rediſt au ſilence des bois :
Elle auroit bien le cœur ou de marbre ou de glace
Si tes regrets mourans n'y pouuoient trouuer place.

LVCILYS.

Helas ! combien de fois en ſouſpirant d'amour
Ay-ie émeu de pitié les rochers d'alentour,
Quãd ſes yeux où l'Amour tiẽt ſon ſeuere Empire
Sembloient en apparence approuuer mon martire ?
Alors ie connoiſſois que mes triſtes accens
D'vn mouuement leger luy touchoient bien les ſens :

B

Mais tousiours sa raison demeuroit insensible :
THERMODON.

Berger c'est vne erreur, qui me semble impossible :
De la ieune Cythere Amour se rend vainqueur,
Car souuent i'ay connu qu'il enflame son cœur :
Lors qu'elle te regarde vne secrette voye
Conduit dans ses doux yeux des mouuemés de ioye :
Quand elle parle à toy ie remarque tousiours
Des souspirs languissans qui rompent son discours.
LVCILYS.

Sçais-tu pas, Thermodon, la cruelle deffense
Qui m'ostét ses beaux yeux ? mó regard les offense.
THERMODON.

Que nous sommes deçeus du semblát des humeurs !
La femme incessamment dissimule ses meurs :
Les serpens de nos bois n'auront plus de malice
Quand la femme à tromper n'aura plus d'artifice.
De plus fausses couleurs son naturel se peint
Qu'Iris n'en fait reluire en découurant son teint.
Celle qu'on n'aime pas pour paroistre sans blasme
Des laideurs de son corps feint d'embellir son ame :
Telle semble quitter les douceurs de Venus
D'vn zele enuers les Dieux, qu'elle n'a point cónus,

Et n'adora iamais que l'Amour & sa mere
Abusant nos esprits d'vne vaine chimere.
Et quand tes longs trauaux s'en verroient surmõtez
D'aussi puissans objects charment les volontez,
In cessamment le monde en verra d'aussi belles
Tant que le doux Printemps peindra des fleurs nou-
L V C I L Y S.
(uelles.

Mais le comble diuin de ses perfections
Ne me laisse point libre en mes affections,
Las! il faut qu'auiourd'huy le trespas m'en dégage.
T H E R M O D O N.

Quoy, voudrois-tu mourir au Printemps de ton âge?
Ceux qui furent Bergers du temps que ces ormeaux
Panchoient au gré du vent souples comme roseaux,
Ceux dont l'ame du corps est presque diuisée,
Quoy qu'on sçache vanter la campagne Elisée
Voudroient bien dans nos champs plus long-temps
*   sejourner,*
Heureux cent fois heureux s'ils pouuoiẽt retourner,
En l'estat fleurissant qui blondissoit leurs testes,
Et quitter pour iamais les aimables conquestes,
Les amoureux appas, les cheres priuautez,
Et les douces faueurs des plus rares beautez.

B ij

Penses-tu que d'amour le tombeau nous deliure?
						LVCILIS.

Quoy languiray-ie encore ayant cessé de viure?
						THERMODON.

Dans le fleuue d'oubly les amoureux esprits
Conseruent leur ardeur.
						LVCILIS.
						qui te l'aurois appris?
						THERMODON.

Vn vieillard demeurât sur vn coustau fort proche,
Dans l'antre qui s'enfonce au dessous d'vne roche,
Chryse, docte Vieillard, d'vn si diuin sçauoir,
qu'on pẽse que les Dieux le viennent souuẽt voir:
qui met deuant son antre escrit en forme ronde,
Icy l'amour des Cieux & le mespris du monde.
Car ce diuin Vieillard dans ce mont deserté,
S'efforçant de remettre Alcyppe en liberté,
L'Amant d'Amaryllis, inconstante Bergere,
Alcyppe maintenant, ombre, triste & legere,
En faisoit des discours en si doctes façons,
qu'on les deuoit garder comme sages leçons
Aux Amans desolez sur des roches de marbre,
Non comme nos chansons sur l'écorce d'vn arbre.

Or conte en quelle sorte vn charme si puissant
T'a rendu l'ame triste, & le cœur languissant.

LVCILYS.

Thermodon iusqu'icy, d'vne ame si discrette,
I'auois tousiours tenu ma passion secrette,
Qu'encore qu'vn penser m'en fust doux & charmãt,
De crainte par malheur d'en parler en dormant :
Car au plus fort sommeil dure ma frenesie,
I'en détournois souuent ma triste fantaisie :
Mais helas aujourd'huy sur le tombeau pãchant,
Deuant que ma lumiere arriue à son Couchant,
Ie veux bien que ta voix, dont les chansons diuines,
Attirent les écueils, & les Nymphes marines,
Raconte en nos forests quel object glorieux
Du Berger Lucilys fut si victorieux :
Apprends donc le sujet d'vn rigoureux martire
Afin qu'à l'auenir tu le puisses redire.

En la saison qui brusle à l'esclat violant
Que produit le Soleil de flame estincelant,
Quand les épics dorez que le moissonneur cueille
Tombent cõme en Automne on voit tõber la fueille,
I'auois mis mon troupeau sous le creux d'vn rocher
Où l'ardeur du Soleil ne le pouuoit toucher,

En suiuant sans dessein mon humeur solitaire
Dessus nostre ruisseau dont l'onde est fraische &
　　claire,
Et cherchant les doux vents dont ce bois resonnoit,
Aucun suject d'ennuy mon cœur ne soupçonnoit,
Quand i'apperceus de loin tant de rares merueilles
Que iamais Adonis n'en connut de pareilles.
Car i'apperceus Cloris qui mourut en aimant,
Lycoris qui rauit d'vn visage animant,
Et Cythere aux beaux yeux sa chere confidante,
Auec Amaryllis cette Nymphe inconstante,
qui leur disoit alors, sans m'auoir entendu,
Car sans faire aucun bruit ie m'estois là rendu:
Nymphes de ces forests, quel demon nous empesche
D'esteindre nostre ardeur dans vne onde si fraische,
Voyez que la lumiere & l'ombre s'endurant
Ne brûlent qu'aux souspirs du Zephir murmurãt;
Zephir accorde icy le bruit de son haleine
Au murmure que l'onde esmeut dessus l'arene ;
Icy quitte le Ciel vne trouppe d'oiseaux
Pour se plonger dãs l'onde à l'ombre des rameaux ;
Ne craignez point qu'icy nul Amãt nous regarde,
Car Melampe est icy, nostre fidelle garde.

Moy connu de Melampe autant que ses brebis
Ie les vis consentir à laisser leurs habits,
Et se mettre en l'estat, où d'vn regard prophane
Dans vn crystal coulant se courrouça Diane.
Elles furent long-temps que la fraischeur de l'eau
Les empeschoit d'entrer au profond du ruisseau :
Mais quoy? leur dit Cithere, & quoy troupe crainti-
N'osez-vous pas encor abandonner la riue?   (ue,
Et sans crainte s'élance au plus viste courant
Où son teint de frayeur deuint pasle & mourant,
Car l'onde l'emportoit d'vne course vn peu forte :
Alors elle s'escrie, ô mes Sœurs ie suis morte,
Le fleuue me surmonte en son furieux cours,
Si quelque puissant Dieu ne vient à mon secours.
Moy conduit par sa plainte abordant le riuage
Pour luy donner secours ie m'eslance à la nage ;
Au Dieu du petit fleuue adressant quelques vœux
Ie l'approche, & d'abord ie l'attrappe aux cheueux :
Elle me prend les bras, son cœur souspire & trĕble,
Et nous fusmes bien pres de submerger ensemble.
Mais lors qu'en ce danger ie m'allois hazardant,
I'eus tousiours du plaisir touchant & regardant
Sa peau qui ressembloit, d'vne frayeur subite,

Aux neiges de nos Monts qu'vn doux Zephire
 agite.
Ie l'oſtay du danger, mais quand elle en fut hors,
Tout aueuglé d'amour ie connus bien deſlors
que les Cieux m'engageoient dans vne ſeruitude
qui menaçoit mes vœux d'eſtrange ingratitude.
Car la paſleur encor alteroit ſon beau teint,
De la frayeur encore eſtoit ſon cœur atteint;
Encor en ſon viſage on voyoit tomber l'onde,
qui noirciſſoit vn peu ſa cheuelure blonde,
qu'elle dit d'vn orgueil plein de ſeuerité :
Prophane, quel ſupplice auez-vous merité,
De vous oſer meſler parmy des filles nuës,
Pour Nymphes de Diane en ces bois reconnuës ?
Fuyez d'içy, Berger, allez, retirez-vous
Sans nous regarder plus, ny ſans penſer en nous.
Lors dit Amaryllis, auec vn doux ſous-rire,
Si tu gardes l'humeur que Diane t'inſpire,
Nymphe ingratte & farouche, on te pourra väter
D'eſtre auſſi chaſte qu'elle, ou de la ſurmonter.

  Or des ce iour fatal ma raiſon fut contrainte
A ſouffrir dãs mon cœur vne amoureuſe emprainte,
Et deuant ſes regards l'ayant bien témoigné,

Thermodon comme alors ie demeure éloigné
De penetrer son cœur d'vne atteinte amoureuse :
Ie la trouue tousiours farouche & rigoureuse,
Soit qu'entre nos parens vn long discord mutin
M'empesche de gaigner ce precieux butin :
Soit qu'à mes vœux ardens son ame inexorable
Attende pour aimer vn Amant plus aimable.

THERMODON.

Peut-estre Lucilys que l'amour luy desplaist
Se voyant ieune encore, & si ieune qu'elle est.

LVCILYS.

Deuant cette auanture elle eut bien l'ame esprise
De l'amour d'vn Berger qui mesme la mesprise,
Au moins en fait semblant, peut-on n'adorer pas
Vn si diuin thresor de beautez & d'appas ?
Melindor dont la voix charme l'ame & l'oreille

THERMODON.

Son absence à rendu Cydippe moins vermeille :
Luy chantant ses yeux noirs, ou sa gorge de lis,
Moy la bouche ou l'esclat de ma belle Phylis,
Souuent tous deux ensemble inspirez du genie
Nous auons accordé nostre douce harmonie,
Mais Melindor me passe en ses rares chansons

Comme les Roßignols surmontent les Pinçons.

LVCILYS.

Ce Melindor me laiße vne eternelle preuue
Du plus fidelle amy que parmy nous on treuue.
Car comme i'apperceus le triste éuenement,
Que ie deuois attendre en mon embrasement,
Desolé que i'estois ie racontay ma peine
A l'heureux fauory de la belle inhumaine,
Mesme luy descouuris que tout mon reconfort
Estoit de me resoudre au secours de la mort.
Melindor tout confus sentant son ame atteinte
D'amour & d'amitié fut vaincu par ma plainte;
S'offrit de la quitter contre son iurement,
De perdre son plaisir pour mon contentement,
Et contraignant son cœur à m'estre fauorable
Témoigna du mespris à sa Nymphe adorable,
Afin que cét orgueil venant à l'offenser
Le peust incontinent bannir de son penser,
Et m'en rendre l'accés plus doux & plus facile;
Mais pour vn si grand mal tout me semble inu-
  tile,
De façon qu'y treuuant tout moyen superflus
Mon bien le plus parfait c'est de ne viure plus.

THERMODON.

Qui te pousse au tombeau ? quelle humeur insensee?

LVCILYS.

Rien que le mouuement de ma triste pensee.

THERMODON.

Sçais-tu si la cruelle en sentira du dueil?

LVCILYS.

C'est l'vnique regret que i'emporte au cercueil.

THERMODON.

Tu le pourras sçauoir, & sans beaucoup attendre.

LVCILYS.

Qui voudroit dans l'enfer me le venir apprendre?

THERMODON.

Berger en ce discours n'entrons pas plus auant,
Sans descendre aux enfers ie t'en rendray sçauant ;
I'iray trouuer Cythere, & d'vne adroite feinte
Luy diray qu'en ta mort i'ay veu ta flame esteinte,
Pour la fascheuse absence où son commandement
Depuis cinq ou six iours t'arreste iniustement,
Et ie prendray bien garde en tenant ce langage
Quels subits mouuemens changeront son visage,
Mais pourueu, Lucilys, qu'apres cette action
Tu changes ton dessein selon sa passion.

LVCILYS.

Le Ciel pour mon salut veut que tu me gouuernes.

THERMODON.

Allons donc en ces bois au long de ces cauernes,
Et consultons ensemble, & d'vn sage conseil,
Iusqu'à tant que l'Aurore éclatte à son réueil.

SCENE II.

CYDIPPE seule.

Maintenant que l'Aurore efface les estoiles
Que les Cieux iaunissans quittent leurs
　　sombres voiles,
Que les champs d'alentour sont couuerts de troup-
　　peaux,
Et que ce bois resonne au doux bruit des oiseaux;
Rappellant ma raison ma crainte la refuse,
Rien ne calme ce trouble où mon ame est confuse.
Triste & fascheuse nuict que durant mon repos
Les songes m'ont tenu de funestes propos.
L'Aurore s'auançoit d'ouurir la matinee,

Que sans fermer les yeux plaignant ma destinee
Ie souspirois encore atteinte des ennuis,
Dont ie passe en regrets mes plus heureuses nuits,
Depuis que mon Berger, mon Amant plein de
    charmes
Sortit de nos forests en dépit de mes larmes.
Enfin ma triste humeur se lassant de veiller,
Appesantit mes sens, & me fait sommeiller :
A peine vn doux repos se couloit dans mes veines,
Qu'helas ce mesme object renouuelle mes peines !
Il m'a semblé d'abord qu'errant proche des flots
Ie montois vn escueil funeste aux matelots,
Qui s'auançant dans l'onde en montre l'estenduë,
Escueil, endroit fatal, où ie m'estois renduë,
Quand Melindor sortant de ma douce prison
M'abandonna mourante & changea d'Orison.
De là tendant les yeux i'apperçoy le tonnerre,
Qui d'vn bruit esclattant faisoit trembler la terre ;
Tout le Ciel embrasé des esclairs rougissans,
Qui perçoiët l'ombre morne & les flots mugissans ;
Les vagues s'esleuer en montagnes affreuses,
Puis abaisser leur course en cauernes si creuses,
Que de leurs mouuemens les combats furieux

De mesme onde arrousoiët les Enfers & les Cieux.
Et parmy la tourmente aussi tost ie remarque
Melindor s'affligeant au dessus d'vne barque,
Tout triste & desolé m'apparoist mon Amant,
De ces mesmes discours Neptune reclamant :
O puissant Dieu de l'onde, ô souuerain Neptune,
Qui tenant cét Empire y conduis la fortune,
Toy dont le grãd Trident d'vn pouuoir merueilleux
Peut à l'instant calmer tant de flots orgueilleux,
Donne vn peu de silence, appaise la tempeste,
Et du profond de l'onde escoute ma requeste.
Dieu des flots mariniers, l'espoir qui me conduit
N'est point sur les thresors que l'Orient produit ;
I'auois pour seul object m'éloignant du riuage
Vne aimable Bergere au Printemps de son âge,
Dont la fascheuse absence & le doux souuenir
M'ont deffendu d'attëdre vn temps calme à venir.
Que si iamais d'amour la chere frenesie
D'vn sujet merueilleux toucha ta fantaisie,
Dieu, permets qu'aujourd'huy i'euite le trespas,
Pour voir auant mourir ses glorieux appas.
Mais helas ! si ton cœur demeure impitoyable,
S'il me faut rendre l'ame en ton onde effroyable,

Ie vous conjure, ô vents, poussez-moy dãs ces bords,
Cydippe d'auanture ayant trouué mon corps
Espanchera des pleurs me voyant si fidelle,
Que mesme apres la mort ie retourne vers elle.
Lors me semble auoir veu l'Ocean applani ;
Par de si doux accens l'orage s'est banni ;
Les vents qui murmuroient d'vne course incertaine
Font cesser pour l'ouïr le bruit de leur haleine ;
La foudre & les esclairs brillans de toutes parts
Adoucis par sa plainte ont retenu leurs dards ;
Tous les Chœurs assẽblez des Nymphes Nereïdes
Sortoient comme à l'enui de leurs antres humides ;
Et mesmes les escueils auparauant couuerts
S'esleuoient dessus l'onde animez par ces vers.
Si bien que mon Berger, qu'vn doux Zephyre ap-
          proche,
M'aperçoit & m'aborde au pãchant d'vne roche ;
Me disant ma Cydippe vn perfide élement
S'offensoit que mon cœur t'aimast fidellement :
Ses Dieux mesmes ialoux de l'amoureuse flame,
Que ta grace diuine allume dans mon ame,
Essayans de l'esteindre assembloient leur effort,
Mais tes puissans regards m'ont conduit en ce port.

Car tes yeux dont l'Amour ses merueilles augmēte,
Bien mieux que le Soleil ont calmé la tourmente.
Or luy voulant respondre vn subit changement
Arreste mon discours, trouble mon iugement :
I'ay veu tomber des Cieux le Soleil morne & som-
     bre,
Tomber à longs rayons des estoiles sans nombre,
La nuict d'vn voile obscur a noircy l'Vniuers,
I'ay perdu mes brebis dessus nos coustaux verds,
Par l'esclat murmurant d'vn furieux orage,
qui rompoit le silence & dissipoit l'ombrage.
Mes sens auoient receu tant de confusion,
que perdant de frayeur ma triste vision
Ie cherche mon Amant, ie cours à la fenestre,
Où l'Aurore vermeille estoit proche de naistre :
Là regardant le Ciel de feux estincelant,
De regrets superflus ie l'allois appellant.
Tandis qu'en ma raison mon songe se figure,
Vn oiseau tenebreux, de malheureux augure,
Fait vn cry sur ma teste en regrets finissant,
Et redonne la gesne à mon cœur languissant.
C'est la viue douleur dont l'ennuy me transporte,
qui peut faire du trouble en l'ame la plus forte.
                            Dieux!

Dieux! quel esclat d'honneur, Berger ambicieux,
T'efface dans l'esprit nos champs delicieux?
Ne veux-tu plus gouster la douceur bocagere?
As-tu mis en oubly l'amour de ta Bergere?
Reuiens au doux sejour des bois & des vergers,
Adonis & Pâris furent simples Bergers,
Pour garder les trouppeaux le beau-fils de Latone
Voulut quitter les Cieux, & l'honneur de son
    thrône.
Mais quand ta voix mourante en me disant Adieu
Me conjura cent fois d'abandonner ce lieu,
Ce fut ma faute, helas! ie deuois pour te suiure
Sortir de nos forests, ou ne deuois plus viure.
Du bruit de ton trespas les fascheuses douleurs
Ne m'eußét point causé des soußpirs & des pleurs,
Le sommeil triste & morne, où ma langueur se plõge,
Ne seroit plus troublé des phantosmes du songe;
Et ceux que mes regrets ne sçauroient émouuoir
N'auroient pas aujourd'huy cét injuste pouuoir
De me venir contraindre, humeur trop inhumaine!
D'espouser Palemon, cét object de ma haine.
Mais parmi tant d'ennuis qui trauersent mon sort,
Le Ciel doux de pitié me laisse vn reconfort

C

Dans l'aimable entretien de la belle Cythere,
Nymphe aux yeux des Bergers, & si belle & si
    chere.

Ie m'enuay la conduire en nos vallons secrets,
Sur nos coustaux fleuris, à l'ombre des forests,
Au lieu le plus commode à perdre mes tristesses
Dans le plaisir charmant de ses douces caresses.

CHOEVR.

D'Où vient que ce Printemps qui peint tant
    de couleurs
Nous cause plus d'amours qu'il ne produit de fleurs,
Et qu'on oit plus souuët quelque Amãt qui souspire
Que le bruit du Zephyre ?

    Les Tygres, les Lyons, de leurs cœurs rigoureux
Ostent la cruauté pour se rendre amoureux,
Et ce bois s'est paré de verdure agreable
Pour estre plus aimable.

    O qu'Amour par son charme est le plus grand
    des Dieux !

Il estend son pouuoir en l'Empire des Cieux ;
Et le Tyran d'Enfer rend mesme obeïssance

A sa douce puissance.

Quand Diane dans l'ombre eslance ses regards,
Elle iette en chassant de moins rigoureux dards
Aux trouppes d'animaux pleins de rage & de fla-
     mes,
Que l'Amour dans nos ames.

De ces dards la musette, animant ses doux sons,
Passe autant les accords des plus doctes chansons,
Que passe vn Rossignol qui vole en des boccages
Ceux qu'on apprend en cages.

Dans les siecles futurs ceux qui voudront auoir
Des effects amoureux le merueilleux sçauoir,
Les verront dans ces bois des beaux traicts qu'A-
     mour porte,
Grauez en rare sorte.

ACTE SECOND.

SCENE I.

CYDIPPE. CYTHERE.

CYDIPPE.

MA Cythere aujourd'huy de si fermes liens
Mes souhaits ont vny tes plaisirs & les miens,
Que si tu n'estois plus, ie n'aurois plus d'enuie
D'allonger d'vn moment la course de ma vie.
Quand tu n'as point connu mon bon-heur plus constant,
Moins durable qu'vn songe il s'enfuit à l'instant ;
Que ie treuue d'appas en nostre intelligence !
Helas ! i'ay tout perdu sinon ta confidence.

Si mon Amant dans l'onde a vaincu le danger,
Il souspire, & languit sur vn bord estranger,
Et me laisse incertaine en quelle part du monde
La fortune conduit sa course vagabonde.
Et pour comble d'ennuis vn malheureux demon
Pousse tous mes parens à choisir Palemon,
Pour en croistre aujourd'huy le bien de leur famille,
Se voulans enrichir du malheur d'vne fille :
Desia les conuiez font retentir leurs voix,
Et le vilage dance aux accords des haut-bois.
De ce malheur panchant la fascheuse nouuelle
Me va perçant le cœur d'vne atteinte mortelle :
I'yray dans le tombeau plustost qu'y consentir,
Si nul autre moyen ne m'en peut garentir.

CYTHERE.

Cydippe les regrets que mon destin m'enuoye
Ne peuuent donner place aux doux moments de
   ioye,
Mon ame est tousiours triste & sans nul reconfort
Depuis vn accident qui me tourmente fort.

CYDIPPE.

Ne m'aimes-tu donc plus ? me l'as-tu voulu taire ?
Que ton humeur deuient pensiue & solitaire.

C iij

CYTHERE.

Ma Cydippe à ce coup t'en veux-ie entretenir,
Combien que ce discours blesse mon souuenir.
Tu connoissois Cloris, nos forests l'ont connuë,
Cloris de façon douce & d'humeur retenuë, (lis,
Ieune Nymphe aux yeux bleus, & d'appas embel-
Dont la fin fut contraire aux mœurs d'Amaryllis.
Vn matin i'emmenay cette aimable compagne
Pres de l'onde marine au pied d'vne montagne.
Au murmure des flots elle & moy discourant
Nous voyons vn Berger pasle, triste & mourant,
Berger nommé Daphnis, merueilleux à la dance,
Parent de Lucilys, mais parent d'alliance.
Cét Amant enchanté des charmes de Cloris
Surpassoit bien d'attraits les heureux fauoris,
Qui souuët dans son cœur auoiët bien trouué place,
Mais tousiours pour Daphnis elle eut l'ame de glace,
Soit qu'il vint d'auenture, ou qu'il suiuist nos pas
Pour monstrer à Cloris son rigoureux trespas :
Quand il nous apperceut il s'afflige & s'escrie ;
Nymphe ne t'enfuis plus, demeure ie te prie,
Cloris sourde à ma voix comme ce dur escueil,
Donne à Daphnis mourant vn fauorable accueil.

Pour toute recompense, helas! ie te reclame
De voir esteindre icy ma lumiere & ma flame.
Mais object merueilleux que i'ay tant desiré,
Puis qu'en mourant d'vn Dieu ie me sens inspiré,
Sçache ingratte Cloris, cause de mon supplice,
Et toy ieune beauté, Cythere sa complice,
Ie perce le futur, comme l'œil le cristal,
Vos amours finiront par vn malheur fatal.
Ainsi voulant ceder à sa flame obstinee,
Il finit dans les flots sa duré destinee.
Or combien de Cloris le triste euenement
Rend tous mes sens côfus d'vn sombre estonnemêt,
Presqu'à peine les nuicts depuis cette infortune
Receurent la clarté d'vne seconde Lune,
Qu'vn soir à ses rayons au poinct du iour couché,
Ramenant ses brebis elle eut le cœur touché
Des charmes de Thyrsis, qui conduisant la belle
D'vne pareille ardeur brusla pour l'amour d'elle.
Les antres, les valons, & les sombres forests
Souuent de leurs plaisirs furent témoins secrets :
Mais on veit les douceurs de peu longue duree :
Car ce Thyrsis fuyant l'ardeur démesuree,
Proche de sa Bergere, au profond d'vn valon,

Vn serpent qu'il foula luy perça le talon
D'vn venin si mortel que la force des charmes,
Ny les herbes des monts, ny les vœux, ny les lar-
*   mes ;*
Dont la belle amoureuse inuoqua tous les Dieux,
Ne luy peurent sauuer deuant ses tristes yeux.
Cette Nymphe en sa perte eut l'ame inconsolable,
Iamais cœur n'a languy d'vne douleur semblable :
La clarté de l'Aurore, & du Soleil Couchant,
La voyoit lamenter le visage penchant
Dessus l'endroit funeste où ce Berger repose,
Telle que dans l'orage on remarque vne rose ;
Et le soir quand les Cieux estoient tous obscurcis
Sur l'adieu lamentable aux ombres de Thyrcis,
Ses tristes yeux rendoient vne source feconde,
Iusqu'alors que cinq fois la Lune eut paru ronde,
Que de pleurs, de regrets, d'ennuis se consommant
Elle entra dans la tombe aupres de son Amant.

CYDIPPE.

Qu'on trouue peu d'amours de pareille constance.

CYTHERE.

Abandonner le monde est de grande importance :
Mais d'vn tel accident mes iours sont menacez ;

Cydippe ce penser rend tous mes sens glacez.

CYDIPPE.

Aimes-tu Lucylis d'vne ardeur si durable?

CYTHERE.

C'est l'Amant que mon cœur treuue seul agreable,
Que la peur diuertit d'en faire aucun semblant.

CYDIPPE.

Vn cœur est bien glacé qui tousiours va tremblant :
Mais depuis trois moissons quelle excessiue crainte
A tenu deuant luy ton visage en contrainte?

CYTHERE.

La haine dont mon pere est diuisé du sien
M'a souuent deffendu son aimable entretien :
Puis d'vn second Berger faisant vn si grand conte
Peut-estre encore vn coup i'eusse rougi de honte,
Témoignant de l'amour aux appas d'vn Berger,
qui comme Melindor se fust monstré leger.

CYDIPPE.

Melindor en son cœur t'aime & t'estime encore,
Mais il est inconstant.

CYTHERE.

                    Mais l'inconstant t'adore.

Depuis deux ans passez.

CYDIPPE.

            Melibe deuant toy
M'a blasmé d'inconstance vne si pure fey.

CYTHERE.

Melibe à tort s'en plaint : car quãd par Hymenee
Dans la maison d'Amynte elle fut emmenee,
La nuict de leurs baisers & de leurs doux plaisirs,
Lors qu'Amynte eut perdu ses violens desirs,
L'heure de leur sommeil plus qu'à demy passee
Pres du mary s'endort la femme bien lassee
Des longs trauaux du iour, ou plustost de la nuit.

CYDIPPE.

Cela n'importe, ailleurs ton sujet té conduit.

CYTHERE.

Or Melibe s'endort, mais las! Amynte veille,
Que la belle en songeãt baise & flatte à merueille,
L'appellant Melindor d'accent flatteur & doux,
Nom desia bien suspect à ce mary ialoux,
Qui d'vn soupçon fascheux s'estant rompu la teste
Raconta l'auanture aux Bergers de sa feste,
Qui si tost que l'Aurore eut ouuert le matin
S'estoient rendus chez luy pour en sçauoir la fin.
Lui-mesme en souspirãt demãde au grãd Terpãdre,

Terpandre qu'Apollon a fait gloire d'apprendre,
Si le Dieu du sommeil luy mettoit l'ame en peur
D'vn songe veritable, ou d'vn songe trompeur.
I'ay veu, luy dit Terpãdre, en ces chãsons diuines,
Qui parlent de Pâris, des belles voix marines,
Du Berger Polypheme, & des troupeaux sacrez,
Des troupeaux du Soleil qui furent massacrez,
Que les songes legers quittent leur maison morne
Par la porte d'yuoire, ou par celle de corne,
Que la corne est ouuerte aux songes sans defaux,
Mais que l'yuoire espand les songes vains & faux:
Or Amynte auiourd'huy, si tu veux estre sage,
D'vn songe si fascheux n'apprẽds point le passage.
Sans respondre à Terpandre, Amynte soupçonna
Quelque songe cornu, dont la peur l'estonna
D'vn doute si ialoux, qu'il deffendit dés l'heure
A l'Amant desolé sa femme & sa demeure.
Par force Melindor laissa donc la beauté,
Qui l'accuse aujourd'huy d'aimer la nouueauté.

CYDIPPE.

Luy-mesme t'a conté l'amour de son enfance.

CYTHERE.

Ie connois Melindor du iour de ma naissance;

Tantoſt par ſes chanſons, tantoſt par ſes diſcours
I'ay ſceu tous ſes deſirs iuſques à vos amours:
Apprends-m'en le ſujet, ta Cythere demande
A ſa douce compagne vne faueur ſi grande,
Icy l'ombrage eſpais nous deffend de l'ardeur
Comme d'vn antre obſcur la fraiſche profondeur.

CYDIPPE.

L'ombre au ſon du Zephir nous ſemble delectable:
Mais nos brebis de faim gemiſſent dans l'eſtable.

CYTHERE.

A peine le Soleil donne aux creux des vallons.

CYDIPPE.

Au moins faiſons donc viſte, & puis nous en allons.
Quand la belle Artemis ſe laſſant des boccages
Pour les villes changea la douceur des villages,
Les Bergers d'alentour, & les Nymphes du lieu
Triſtes par ſon depart luy vindrent dire Adieu:
I'en receus du regret comme eſtant ſa parente,
Pour toy Cythere alors tu fus long temps abſente.
Cette ieune Artemis nous baiſant mille fois,
Quand elle eut pris congé des rochers & des bois,
Graua ſur ſa houlette en forme de couronne,
Au plus digne d'Amour, Artemis m'abandonne;

Apres l'enfonce en terre, & s'esloignant de là
Sans nous dire plus mot Artemis s'en alla.
Quãd ces mots furĕt leus, que les plus sçauãs leurĕt,
D'vn silence profond tous les Bergers se teurént,
Sinon le grand Terpandre inspiré des douceurs
Dont Apollon l'enflame, & les neuf doctes Sœurs.
    Fusse-je, dit Terpandre, à la trouppe attentiue,
En l'estat glorieux où i'eus l'ame captiue
Des regards de Daphné qui par mes doux accens
    Prit ce mal dont ses yeux m'auoiĕt charmé les sens,
Si tost qu'en mes chansons aux écots de la Seine,
    Comme vn Cygne mourant i'eus fait plaindre ma
    peine.
Heureux Terpãdre, heureux ce bõ-heur t'arriuãr,
Mais helas! tu n'es plus que l'ombre d'vn viuant.
C'est à vos ans nouueaux, agreable ieunesse,
Que d'vn si rare honneur la dispute s'adresse.
Quand les beautez du Ciel disputerent ce fruit,
Dont Venus tire encore vn si glorieux bruit,
    Pâris Berger du Xanthe eut l'adresse & l'audace
D'appaiser leur desordre en iugeant de leur grace :
    L'homme voit pour l'amour ce que la femme vaut,
Mais de l'homme la femme en iuge comme il faut.

C'eſt donc mon ſentiment qu'vne Bergere ordonne
Du preſent d'Artemis, ſans complaire à perſonne.
Ainſi parla Terpãdre, & tous d'vn meſme accord,
Sans prendre nulle excuſe ils m'eſleurent d'abord;
Et chacun pour l'honneur d'eſtre le plus aimable
Voulut paroiſtre alors en eſtat fauorable,
S'embelliſſant de fleurs, & ſe mirant dans l' ıu,
Car là d'vn mont voiſin s'eſpãche vn clair ruiſſeau.
Quand i'eus veu ces Bergers d'vne ſi rare gloire,
Thyrſis & Lucylis ſuſpendoient la victoirɛ,
Mais Melindor dans l'onde encore ſe mirant
Me careſſa des yeux & d'vn cœur ſouſpirant;
Puis me vint diſcourir d'vne paſſion feinte,
Qui me donna dans l'ame vne ſenſible atteinte.
Il eut donc ce preſent que ie garde pour luy,
Et que pour te mõſtrer ie veux prẽdre auiourd'huy.
Deſlors ſa paſſion toucha ma fantaiſie,
Paſſion feinte alors, mais depuis freneſie.

CYTHERE.

Ton diſcours eſt pareil aux murmurans Zephirs
ıors qu'vn fueillage trẽble à leurs plˢ doux ſouſpirs,
Et me ſemble auſſi doux que le bruit d'vne ſourſe,
Qui d'vn mont reſonnãt s'en va rompant ſa courſe.

Assemblons nos trouppeaux.

CYDIPPE.

J'approuue ton conseil,
En quelque vallon sombre à couuert du Soleil.

SCENE II.

PALEMON seul.

MEs yeux ne cherchez plus ces diuines
  merueilles,
Ces glorieux attraits, ces graces nompareilles:
Ne vous souuient-il plus de vos ennuis passez?
Voulez-vous rembrazer mes desirs effacez?
Eux qui m'ont tourmenté d'vne si longue gesne,
Qu'helas! il est bien temps que ie rompe ma chesne.
Moy dont l'ame sensible aux appas de l'amour
Aima presqu'aussi tost que i'apperceus le iour,
Iamais ie ne trouuay mon humeur offensée
Du plus fascheux tourment qui tombe en la pensee.
Mais quoy? pour vne glace auoir de l'amitié;
Mourir à ses regards sans luy faire pitié;
Soit que son naturel tousiours la rende ingratte,

Ou qu'vn plus doux object l'entretienne & la
    flatte,
Maintenant ma raison n'y pouuant confentir
D'vne fi folle erreur me donne vn repentir.
Et quand mefme aujourd'huy nous reuerriõs encore
Ces merueilles des Cieux que l'Vniuers adore,
Se parer à l'enuy des plus diuins threfors,
Ou defcouurir à nud les beautez de leurs corps,
Comme leur vanité parut aux yeux d'vn homme,
Qui contenta Venus de la fameufe pomme,
Ne pouuant afpirer à gaigner leur grandeur
En mefprifant l'efclat i'en efteindrois l'ardeur.
    I'ay veu fous deux Printemps les campagnes
    fleuries,
Depuis que ie m'enuins parmy ces Bergeries
Pour vn fi rare object que iamais le Soleil
Tournant tout l'Vniuers n'en connut vn pareil,
Ny du Scyte glacé iufqu'aux riues du More,
Ny des bords du Couchant iufqu'où leue l'Aurore.
D'abord que i'apperceus fa douce Majefté,
Sa grace nompareille égale à fa beauté;
L'Amour comblant fes yeux d'vn Empire feuere,
Aufi puiffant qu'il eft quand il pare fa mere,

                            Et

Et tous les cœurs rauis du charme de sa vois
Plus doux que Philomele au silence des bois,
qui mesurant sa plainte aux amoureuses peines
Arreste les Zephirs, & le cours des fontaines ;
Lors mon ame suiuant mes regards eblouïs
Voulut abandonner mes sens éuanoüis :
Mais alors dans l'ardeur dont i'eus l'ame surprise
Du ieune Melindor ie vis la belle esprise.
Au nom de ce Berger vn secret mouuement
Causoit en son visage vn subit changement,
Et dans ses diuins yeux la clarté pure & belle
Augmentoit deuant luy sa douceur naturelle.
Mais plus apparemment ie connus mon malheur
Vn soir que le Soleil n'auoit plus de chaleur,
que l'ombre s'estendoit dans le fond des vallees,
Les Nymphes de ces bois erroient dans les allees
D'vn iardin, qui d'ombrage & de sombres destours
Me sembloit bien commode à me donner secours :
Car trouuant à propos l'heure tant desiree
I'apperceus la Bergere à l'escart retiree,
Où d'abord l'adorant ie commence à loüer
Les charmes dont les Dieux la voulurent doüer,
D'vn discours tout confus luy figurant sa grace,

D

Comme l'euſt peu deſpeindre vn ruiſſeau dans ſa
    glace,
Qu'vn grand orage émeut en la froide ſaiſon,
Car l'exceſſif amour ébranloit ma raiſon.
I'ouuris donc le paſſage à ma flame cachee;
Mais quoy? ſans me reſpõdre elle en parut faſchee.
Alors ie dis encore accompagnant ſes pas:
Quoy me deffendez-vous d'exprimer vos appas?
I'ay bien de vous deſplaire vne éternelle crainte,
Mais pardonnez, Cydippe, vne faute contrainte.
Voyez que la Nature en tous lieux vous dépeint,
La blancheur de ces lys figure voſtre teint,
Le Ciel maintenant calme & ſans aucun nuage
Vous montre la douceur de voſtre beau viſage;
Tout ce iardin paré d'vn émail fleuriſſant
Figure voſtre eſclat ſi doux & ſi puiſſant;
Le Zephir parfumé parmy ces douces roſes
Figure voſtre haleine en vos levres deſcloſes;
Cette belle fontaine en ſon paiſible cours
Vous dépeint d'vn doux bruit l'accent de vos diſ-
    cours,
Et meſme ſon ruiſſeau plein d'vne claire ſourſe,
Pour vous repreſenter ſemble alentir ſa courſe.

Que si la mesme glace aime tant vos portraits,
Que doit faire mon cœur bruslé de vos attraits ?
Si bruslé que ces bois verront ma sepulture,
Si vous ne consentez à guerir ma blessure.
Lors s'esloignant de moy, son visage si doux
Receut du changement de honte ou de courroux,
Et se courant vn peu d'vne couleur vermeille
Parut tel que l'Aurore au poinct qu'elle s'esueille :
Si bien qu'en mon dessein ie profite si mal,
Que si d'Endymion ie deuenois riual,
I'aurois plustost vaincu les froideurs de la Lune
Qu'obtenu de Cydippe vne faueur commune.
   Las n'espere donc plus t'en voir recompenser !
Palemon desormais il n'y faut plus penser :
Témoigne du mespris à ta farouche Amante ;
Quitte ces lieux charmez, dõt la douceur t'enchãte ;
Et songe à tes troupeaux qu'on rencõtre à tous coups
Errans dans les forests à la mercy des loups.
Combien ta douce ardeur sera mieux occupee
A cherir Corylis, Dryope, ou Panopee,
Merueilleuses beautez, qui d'amoureux regrets
Durant ta longue absence ont comblé nos forests.
Ce n'est pas sans regret, il faut que ie l'auoüe,

D ij

qu'en seruant sa beauté ma chaisne se desnouë :
Combien que i'en attende vn malheureux succés
Ma raison veut en vain m'en deffendre l'accés.
Tant d'appas merueilleux consolent mon martire,
D'vn secret mouuement leur souuenir m'attire ;
Sur tout quand i'ay pensé que mon riual absent
D'vne si longue absence à mon bon-heur consent.
Puis qu'Amour & la femme ont l'humeur de
       Neptune,
I'en veux encor attendre vne heureuse fortune,
Et m'en verray peut-estre autant fauorisé
Comme depuis deux ans ie m'en sens mesprisé.

CHOEVR.

Heureux qui de l'Amour ne ressent plus l'at-
Apres sa flame esteinte ;   (teinte
Qui pour plaire aux beautez qui nous charment les
     sens
Ne cherche plus d'appas, de geste ou de parole,
Et croit qu'on profane l'encens
Dessus l'Autel d'Amour qu'il tient pour vaine
     Idole.

PASTORALE.

Celuy-là maintenant perdant la patience
D'apprendre la science
De vaincre son riual de quelque noueauté,
N'est plus panché sur l'onde où le vent se repose,
Et sans penser à la beauté,
Comme libre d'Amour iamais ne s'y compose.

Quand les Cieux ont ouuert leurs obscures lu-
Il ferme les paupieres   (mieres
Et si le doux sommeil au lieu de sa liqueur
Luy donnoit son amour la plus ieune des graces,
Elle trouueroit que son cœur
Dans ses embrassements se rempliroit de glaces.

Mais rigoureux Amour ! c'est bien chose im-
D'auoir l'ame insensible   (possible
Aux charmes d'vn object plein de perfections :
Le souuenir d'vn mot, d'vn regard, d'vn sous-rire,
Rallumant nos affections
Nous vient faire sentir quelque noueau martyre.

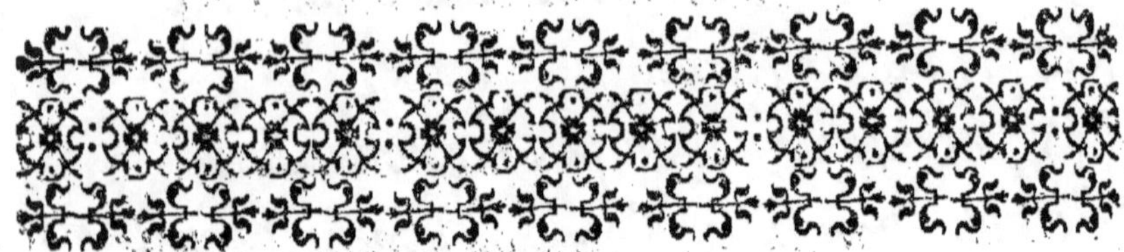

ACTE TROISIESME.

SCENE I.

MELINDOR CYDIPPE. SATYRE.

MELINDOR.

Malgré tant de rochers où souuent les mor-tels,
Rencontrent leur trépas, comme estans les Autels
Consacrez dessus l'onde à l'orgueil de Neptune,
I'ay vaincu les destins, i'ay vaincu la fortune :
I'arriue dans ces lieux si doux & si plaisans
Où ma chere Cydippe escoule ses beaux ans.
Tādis qu'en ces cousteaux les troupeaux venaiēt pai-
Y voyant la lumiere & mourir & renâitre ; (tre
Tandis que nos forests & le Ciel d'alentour

Resonnoient sans repos des doux accens d'amour.
Ie voyois des combats dans ces deserts sauuages
Où le Rhin morne & sombre estēd ses froids riua-
Ie voulus essayer ce triste esloignement   (ges,
Pour supporter l'excés de mon embrasement,
Qui deuant ses regards pleins de flames diuines
Ressembloit à l'ardeur qu'au fonds de deux colines
En la saison brulante allume le Soleil,
Montrant sur le midy son visage vermeil.
Mais la fascheuse absence en ma flame si viue
Inspira dans mon cœur la tristesse excessiue.
I'ay souuent veu Cydippe en ce fueillage espais,
Où tout Amant pensif treuue vne douce paix.
Mais quoy? mō cœur se pasme, & d'vn secret lāga-
Me veut persuader qu'elle erre en ce bocage :   (ge
Mon cœur est transporté d'vn subit changement,
Sa presence m'inspire vn doux rauissement :
Car ie ressens dans l'ame vn mouuement de ioye,
Qu'absent de ses appas nul object ne m'enuoye :
Ie commence à me plaire à la clarté des Cieux,
L'air ressent la vertu qu'espāchent ses beaux yeux,
L'air de leurs traits ardens tiedit cette fontaine,
L'air s'embaume à l'odeur qu'espād sa douce haleine.
D   iiij

Si l'Amour ne me trompe elle vient pas à pas ;
Dieux ! voila ma Cydippe, ainsi comblez d'appas
EEsclattent ses yeux bruns, ainsi paroist son geste,
Qui represente à l'ame vne beauté celeste ;
Et l'esclat de ses yeux me figure en l'esprit
Ce que dans nos rochers vn sainct vieillard escrit,
Qu'vn glorieux rayon de lumiere infinie
Peut rendre l'ame heureuse auprés du grand genie.
La douce volupté, qui remplit tous mes sens,
Efface dans mon cœur mes ennuis plus recens,
Que de m'estre absenté maintenant ie m'estonne
Ressentant les plaisirs que sa presence donne.
I'entends desja ses pas qui pressent le sablon
Sous le feuillage obscur qui couure ce valon :
Ie pasme à son abord, mon ame en est rauie,
Voicy bien le moment de ma plus douce vie.

CYDIPPE.

O ruisseau murmurant desormais sur tes bords
Las nous n'entendrons plus le charme des accords,
Qui calmant ton murmure, & retenant ta course
Bien souuent pour l'ouyr t'attiroient vers ta sourse,
Puis tes flots au Nectar en douceur égalez
Accouroient adoucir le goust des flots salez.

Ce beau temps s'est coulé comme t'on onde coule ;
Mais quoy ? dãs ton cryſtal l'õde aprés l'onde roule,
Et ſi tes flots s'en vont, des flots te ſont rendus,
Mais to⁹ mes heureux iours pour iamais ſõt perdus.

MELINDOR.

Meſme encore auiourd'huy i'occupe ta memoire,
Dieux que ie ſens d'excés, de plaiſir & de gloire !
O ma chere Cydippe, encore plus auant
Penetre dans mon cœur l'amour d'auparauant :
Mais tu demeures triſte, helas ie meurs de crainte
Qu'vn plus heureux amãt ait peu cauſer ta plainte !

CYDIPPE.

O ciel, ô ma fortune, est-ce luy que ie voy ?
Mes yeux me trompez-vous ? Melindor eſt-ce toy ?
Ie ne puis moderer le comble de ma joye,
Donc en fin mon deſtin permet que ie te voye,
Iuge de mon plaiſir, regardant qu'vn moment
D'vne ſi longue abſence efface le tourment.
Plus que iamais d'amour ie me ſens l'ame eſpriſe ;
D'vn ſombre eſtonnement ton abord m'a ſurpriſe.
Mais quoy ne t'aymer pl⁹ ? ne crains point ce dãger ;
Quand pour quelque autre Amant on me verra
     changer,

L'abeille pour des fleurs choisira des espines,
L'Astre du Nort boira dans les vagues marines,
La Lune respandra des rayons pleins d'ardeur,
Ou deuiendra constante à montrer sa rondeur,
Et l'Aurore en naissant reluira dessus l'onde,
Où le Soleil esteint sa clarté vagabonde.

MELINDOR.

Aussi quand Melindor voudra changer d'amours,
L'Astre le plus mobile arrestera son cours.

CYDIPPE.

Tu pourrois moins qu'vn Dieu manquer à ta promes-
Helas si i'en doutois ie mourrois de tristesse !   (se,
Ie ressens de l'ennuy d'en parler seulement.
Comment t'es-tu rendu?

MELINDOR.

Sur vn fier element,
Où ie n'esperois plus reuoir ta chere teste,
Car estant loin du bord vne estrange tempeste
Estonnant les Nochers d'vn prodige nouueau,
Rompoit les durs escueils comme vn fresle vaisseau :
Non ie n'esperois plus te reuoir ma Bergere,
Sinon durant la nuict ombre, triste & legere.
Encore en te voyant ie prends tant de plaisir,

Que de perdre vn tel heur la peur me vient saisir :
Ie crains que cette amour de raison dépourueuë,
Qui te graue en mon cœur te figure à ma veuë ;
Ie crains que deuant toy le Soleil ébloüy
Ne rendant plus d'esclat demeure éuanoüy ;
Ie crains que l'air ialoux des voluptez sans nombre
Empesche mes regards d'vn corps solide & sombre ;
Ie crains qu'en m'esueillant plein de confusion,
Sçachant que tu mets l'ame en douce vision
Aussi bien que les yeux, entre nous deux ie treuue
Vne plaine, vn valon, vne montagne, vn fleuue.

CYDIPPE.

O mon cher Melindor vn autre empeschement
Nous ostera bien-tost ce doux contentement.

MELINDOR.

Ne sçaurois-ie esperer, cruelle violence !
De passer sans contrainte vne heure en ta presence ?

CYDIPPE.

Mes parẽs sont d'accord que i'espouse auiourd'huy
Ce fascheux Palemon, dequoy ie meurs d'ennuy.

MELINDOR.

Quoy ? Cydippe aujourd'huy tu me seras rauie ?
Que dans les flots marins n'ay-ie perdu la vie !

CYDIPPE.

Sçache mon cher amant que si leur volonté
De viure où tu seras m'oste la volupté,
Ie n'auray point l'ennuy de viure en ton absence,
La mort à leurs efforts sera ma resistence.

MELINDOR.

Las! i'ayme bien mieux voir vn visage si beau
Dans le sein d'vn riual qu'au profond du tombeau.
Ne pouuez-vous, doux yeux, calmer leur tyrănie?

CYDIPPE.

Non, que de mon pays me fusse-je bannie!
Quand mes regards mourăs te suiuoiĕt sur les flots,
Et qu'à ma triste voix respondoient les écots.

MELINDOR.

Cydippe qu'auiourd'huy ce depart est facile :
Car vn vaisseau m'attend dessus la mer tranquile,
Pour voir si dans ces lieux ie voudray seiourner;
Ou si quelque accident m'en fera retourner.

SATYRE.

Si des charmes secrets n'abusent mes prunelles,
Melindor entretient la merueille des belles.
Que de subtils desseins le meschant tramera!
Que de troubles nouueaux son retour causera!

Voyez, dés maintenant ce trompeur flatte & pippe
Ceste credule, simple, innocente Cydippe ;
Ie m'en vay proche d'eux d'vn pas lent & craintif,
A leurs secrets d'amour ie veux estre attentif.

MELINDOR.

Doux obiect de mon cœur Melindor t'en coniure.

CYDIPPE.

Berger, quand tu voudras suiuons ceste auanture.

MELINDOR.

Dieux ! mõ ame auiourd'huy, que ma Cydippe viẽt,
Sent plus de voluptez que le Ciel n'en contient.
La mer en ta faueur est si calme qu'il semble
Que dans son onde claire on void nager ensemble
Les grands poissons marins, & les petits oyseaux,
Qui chantans doucement volent dessus les eaux.

CYDIPPE.

Mais quoy? i'entẽds du bruit à trauers ce fueillage,

MELINDOR.

C'est peut estre vn oyseau qui va cherchãt l'õbrage,

CYDIPPE.

Ou plustost vn Berger qui nous veut écouter,

MELINDOR.

Vn pareil accident seroit à redouter :

CYDIPPE.

Ie crains, cher Melindor, qu'vn malheur nous re-
        tarde.

MELINDOR.

Que ferons-nous, Cydippe?

CYDIPPE.

                    Il y faut prendre garde,
Trouuons-nous mon Berger dans vn lieu limité
Si tost que nous verrons l'épaisse obscurité
Des animaux du iour assoupir la paupiere,
Mettons-nous dessus l'onde à sa faueur premiere.

MELINDOR.

Douce conclusion, mais en quel heureux lieu?

CYDIPPE.

Celuy d'où tu partis quand tu me dis Adieu.

MELINDOR.

L'endroit est fort commode, & proche du nauire,
Et de ce bord sur l'onde vn petit vent souspire.

CYDIPPE.

Mais attendant que l'ombre esteigne la clarté,
Si quelqu'vn te rencontre en ce bord écarté,
Feints de ne penser plus qu'à porter ta houlette;
Prens-là, car l'entreprise en sera plus secrette.

MELINDOR.

Adieu donc ma Cydippe,

CYDIPPE.

Adieu mon cher Amant.

SATYRE.

O Dieux, fut-il iamais vn trompeur si charmant?
Voyez qu'en tous esprits l'Amour cause d'audace,
L'obiect de leur dessein remplit mon cœur de glace,
Vne ieune beauté plus tendre qu'vn roseau,
Qui ne passa iamais sur le bord d'vn ruisseau,
Que de quelque amoureux elle ne fut conduite,
Sur le perfide monstre ose prendre la fuite,
Sur le fier Ocean, ce prodige d'horreur,
Où les plus durs Nochers sont comblez de terreur:
Mais Satyre auiourd'huy trouble leur entreprise,
Monstre l'esprit subtil que ce Berger méprise.
Vn iour dans ces forests le destin tout puissant
Me fit sentir l'ardeur d'vn bel astre naissant,
Melibe Astre nouueau la cause du martyre
Qu'a si long temps souffert ce malheureux Satyre.
Ses beaux yeux que les miens auoient rendu contêts
Sembloient vne rosee aux Soleils du Prin-temps,
Quand ie la faisois rire en sa bouche vermeille,

Ie pensois qu'vn œillet branlast sous vne abeille,
Et sa voix me charmoit d'vn doux accent plus doux
qu'vn ruisseau murmurant sur les menus cailloux.
Cette Nymphe à mes vœux n'estoit pas obstinee,
Mais vn iour m'emporta le trauail d'vne annee,
Non iour, mais nuict d'enfer que son cœur abusé
S'enflama du discours d'vn Pasteur si rusé.
Troublons pour nous venger, troublons en diligence
Les desseins effrontez de leur intelligence.
Il n'en faut qu'auertir son riual genereux
Par luy comme ie fus pauure amant malheureux;
que s'il manque d'audace à vaincre ce perfide,
Le Satyre en courroux luy seruira de guide.

SCENE II.

CYTHERE.　THERMODON.

CYTHERE.

O Tyran des amans, ô trop seuere honneur,
des plus diuins appas tu rauis le bon-heur,

Ton

Ton vain esclat nous chãge en rigoureux supplices,

De nos plus heureux iours les plus cheres delices.

Dans les fleuues, dans l'onde, où tombe le Soleil,

Dans les flots d'où l'Aurore estĕd son teint vermeil,

Les poissons dans l'ardeur que l'amour leur inspire,

Ne sont point trauersez par ce fascheux martire.

Sur le panchant des monts, dans les antres secrets,

Dans les valons obscurs, dans les sombres forests,

Tant d'animaux bruslans d'vne amoureuse flame

Contentent leurs desirs sans la crainte du blâme.

Ton erreur dont l'esclat force nos volontez,

N'oste pont aux oiseaux leurs douces voluptez,

Leurs desirs sont contens, & l'Amour dont les
     charmes

Nous causĕt des soupirs, des regrets & des larmes,

D'vne plus douce ardeur leur causent des concerts,

Qui rendent le Ciel calme aux sauuages deserts.

Les Zephirs amoureux des campagnes fleuries

Souspirent sans contrainte en leurs douces furies.

Le paisible silence, amoureux de la nuit,

La caresse aux rayons dont la Lune reluit.

Le verdissant lierre amoureux d'vne plante,

Consomme tout son âge embrassant son Amante

E

D'vn bon-heur si constant que rien ne les déjoint,
Car mesme leur trespas ne les separe point.
Pour les plus durs rochers les fontaines souspirent,
En respandant leur onde où leurs Amans se mirent,
Et glissant dans leur sein les caressent tousiours
D'vn murmure amoureux témoignãt leurs amours.
Et le Ciel au Printemps sans gresle & sans orages
Pour regarder la terre écarte les nuages ;
Il s'allume d'amour admirant ses beautez,
Et verse dans son sein les douces nouueautez.
Le grand nombre de fleurs dont la terre se pare
Pour plaire à ses regards d'vne grace plus rare
Ne me viens plus contraindre à feindre incessam-
　　ment,
Pour trouuer les moyens d'accroistre mon tourment.
Ne me viens plus contraindre à desguiser l'vsage
Des mouuemens qu' Amour cõduit sur mon visage.
Tes seueres conseils ne sont plus de saison,
Amour gaignant mon cœur, gaigne aussi ma raison:
Ne me console plus d'vne vaine esperance,
Tu rends quiconque t'aime heureux en apparence.
Que mes parens cruels soupçonnent tellement,
Qu'vne plainte, vn souspir, vn regard seulement,

Tant leur rigueur paroist de raison dépourueuë,
Leur figure ce Dieu qu'on nous dépeint sans veuë;
Que leur commandement à mes vœux rigoureux
M'empesche de respondre aux discours amoureux,
Dont mon fidele Amant dessus ma bouche attire
Mon ame qui s'embrase & ne l'ose pas dire,
Ie luy veux découurir qu'vn semblant de froideur
Me déguise dans l'ame vne excessiue ardeur;
Que ie l'ay tant aimé sans luy faire paroistre,
Afin que mes parens n'en peussent rien connoistre,
Qu'ils m'ont mesme contrainte à m'esloigner de luy
Par vn fascheux discours qui me comble d'ennuy.
Ie luy veux témoigner vne amour mutuelle.

THERMODON.

O malheureux Berger! ô Nymphe plus cruelle!
Pauure Amant Lucilys, que d'vn triste accident
Tes beaux iours sont tombez dans leur sombre Oc-

CYTHERE.   (cident!

Mais i'entends vne voix dont ce valon resonne,
Quelqu'vn plaint Lucilys, cette plainte m'estonne.

THERMODON.

Vous qui viuez si vieux, grands arbres qui verrez
Esbattre les Bergers sur nos corps enterrez,

E ij

Qui paroistra iamais deſſous voſtre verdure
Si parfait que l'Amant d'vne Nymphe ſi dure?
Vous Nerine & Syluain, triſtes corps languiſſans,
Quand les Dieux vous rendroient vos âges fleu-
  riſſans,   (fable,
Dont l'amour aujourd'huy vous ſemble eſtre vne
Pourriez-vo⁹ eſperer d'en produire vn ſemblable.

CYTHERE.

Helas ! qu'ay-ie entendu? Lucilys eſt donc mort,
Apprends-moy le ſuccés de ſon malheureux ſort,
Berger ie t'en conjure.

THERMODON.

          O Dieux, voila Cythere,
Ce n'eſt pas ſans ſujet, inhumaine Bergere,
Que vous auez deſſein de ſçauoir ſon treſpas,
Puis qu'il a rendu l'ame adorant vos appas,
Bien que de ſon malheur ce pauure Amãt peu ſage
N'euſt raiſon d'accuſer que voſtre humeur ſau-
  uage.

Sçachez qu'en vn couſtau compoſant des chãçons
Pour plaire à ma Philis en diuerſes façons,
I'ay trouué ce Berger melancolique & bleſme,
De viſage & d'humeur different de luy-meſme,

Qui m'ayant apperceu s'est auancé vers moy,
M'obligeant par priere à luy donner ma foy,
De n'empescher en rien ce qu'il voudroit resoudre,
Il m'en fait protester le grand moteur du foudre,
Car iurer Pan cent fois le plus horriblement
Sembloit à sa tristesse vn foible iurement.
Tant de sermens receus ce pauure Amãt s'approche
Du bord vn peu panchant d'vne effroyable roche,
Que l'onde a mise en voûte à force de combas,
Et d'où mesme vn oiseau ne sçauroit voir embas
Sans mouuement de peur, tant la surface nuë
De ce rocher affreux s'esleue dans la nuë :
Me disant, Thermodon, raconte à nos Bergers,
Aux Nymphes des forests, aux Pasteurs estrãgers,
Aux écots, aux rochers, aux ruisseaux, aux fontai-
Le funeste accident qui termine mes peines.   (nes,
Et prest à s'eslancer en ce valon si creux,
Il dit en regardant le precipice affreux ;
O Cythere, ô beaux yeux, qu'en cette violence
Mon trespas montre peu l'ennuy de vostre absence!
Ainsi donc Lucilys, acheuant son discours,
Sur le nom de Cythere a terminé ses iours,
Et de chercher son corps, c'est bien chose impossible

E iij

Dans le fonds du rocher qui semble inacceßible.
  Quel subit changement luy cause la douleur?
Son beau corps est sans force & son teint sans cou-
Elle s'esuanoüit, mais elle est reuenuë,   (leur:
Cythere alloit tomber quand ie l'ay retenuë.
Sans plainte elle s'en va, c'est pour dißimuler,
Ou l'excés de l'ennuy l'empesche de parler,
Car iamais nul malheur ne luy fut plus sensible,
Le mal qu'elle en ressent luy peut estre nuisible,
N'estant pas vn effect d'vne tendre pitié,
Mais plustost sentiment d'amour & d'amitié :
L'affaire a du danger, sans que rien me retarde
Ie la veux viste suiure à fin d'y prendre garde.
O que de mon conseil l'heureux euenement
Doit rendre à Lucilys vn grand contentement.

CHOEVR.

QVe ces vains noms d'honneur, de respect
          & de gloire
Sont pleins de faux appas,
Et que c'est follement qu'on songe à sa memoire
Au delà du trespas.

Que produit aujourd'huy le bruit du Mausolée
Dessus le triste sort
De celle qui iamais ne parut consolée
Quand son mary fut mort.

La beauté que Venus donna pour recompense
D'vn fameux iugement,
Vescut dans les plaisirs, quoy que l'hōneur en pēse,
Bien plus heureusement.

Vain phantosme d'honneur demeure dans la
Aux Palais des grands Rois,   (pompe
Helas ne souffre plus que ton esclat nous trompe
Les Nymphes de nos bois.

Permets nous les douceurs que permet la nature
Aux desirs de nos sens,
Et nous laisse gouster iusqu'à la sepulture
Nos plaisirs innocens.

ACTE QVATRIESME.

SCENE I.

LVCILYS. THERMODON.

LVCILYS.

QV'vn different combat d'esperance & de
        crainte
Me donne dans le cœur vne sensible atteinte !
Que i'endure d'ennuis ! que i'ay l'ame en langueur
D'estre encore incertain, si l'injuste rigueur
Qui m'emmene au trépas loin des yeux de ma belle,
Aura demeuré ferme à la triste nouuelle,
Dont ce Berger en vain pretend me secourir,
Disant que mes regrets m'ont desia fait mourir.
En souspirant i'arriue à l'antre de l'Aurore,

Où dans vn vieux portrait son beau Chasseur l'a-
    dore.

C'est l'antre où Thermodon maintenant se rendra,
C'est l'antre où ce Berger aujourd'huy m'apprẽdra,
Si m'estant consommé d'ardeur continuelle
Ma mort adoucira cette Nymphe cruelle.
Ce dessein curieux differe mon trespas,
I'ay suiui trop long temps ses rigoureux appas.
I'ay souuent veu le iour prendre & finir sa course,
Pour l'attendre en resuant au doux bruit d'vne
    sourse;
Que i'ay souuent laißé mon trouppeau gemissant
Aux hurlemens d'vn loup qui l'alloit rauissant,
Pour suiure la cruelle au trauers des bocages,
A la pluye, au Soleil, par les antres sauuages:
En fin combien de fois ay-ie paßé les nuis
Sans employer mes yeux qu'à plaindre mes ennuis,
Et dessus nos rochers durant ses mornes voiles
De regrets superflus attristé les estoiles.
    Heureuse est ta fortune, agreable Chasseur,
L'Aurore à tes regards éclatte en sa douceur.
Mais voila Thermodon qui conduit l'entreprise
De cognoistre l'object dont ma flame est éprise.

D'vn si douteux succés mon ame discourant
Figure en ses transports l'ame d'vn corps mourant,
Qui se trouue incertaine où son destin l'enuoye,
Pour voir le triste Erebe, ou le Ciel plein de ioye,
Et tous mes sens confus d'vn sombre estonnement,
Sont flots qu'vn tourbillon frappe subitement.
Mais qu'il semble affligé, mõ cœur n'est pl⁹ que gla-
Et la crainte aux ennuis y va cedãt la place.   (ce,
Dieux! qu'attens-tu Berger, parle dõc promtemẽt,
Châque instant m'est vn siecle en ce retardement?
Conte mon infortune; ha! ton regret m'exprime
quelque nouueau malheur dõt la frayeur m'oprime.

THERMODON.

Te voyant, Lucilys, mes pleurs sont redoublez,
De regrets & d'ennuy i'ay tous les sens troublez:
Rencontrant cette Nymphe à l'escart solitaire,
I'ay tristement dépeint ton trépas volontaire,
Auec vn tel ennuy, qu'elle a creu desormais
Que les yeux des mortels ne te verroient iamais.

LVCILYS.

Escoutant ce discours qu'est-elle deuenuë?

THERMODON.

Sans aucun mouuement ces bras l'ont sorstenuë,

Apres auoir rendu des souspirs & des pleurs,
Rôpant parmy son poil quelques bouquets de fleurs,
Son visage blesmit d'vne pasleur mortelle,
Venus pour son Berger en son dueil parut telle,
Puis s'en va sur la riue, où la premiere fois
Tu la vis baigner nuë à l'ombrage des bois.
Aussi tost i'apperçoy, car ie l'auois suiuie,
Pour destourner l'ennuy d'attenter à sa vie,
Que sa plainte s'emporte aux plus tristes accens
Dont iamais vn regret peut émouuoir les sens,
Et comme en liberté, l'œil triste & le teint blesme,
Elle accuse les Cieux, & s'accuse elle mesme,
Et tesmoignant qu'Amour receuoit tous ses vœux,
Meurtrit son front de neige, & rompt ses blonds
    cheueux.
Que souuët, Lucilis sa triste voix t'appelle!
Ainsi dans nos forests on entend Philomele,
Lors que sans nul remede elle a veu ses petits
Repaistre d'vn serpent les sanglants appetits,
Sur vne branche morte en douce violence
Rompre durant la nuict le tenebreux silence.
Or ie m'auance en fin pour finir son erreur :
Mais cét abord luy cause vne pasle terreur,

Pensant que i'eusse encore vn rapport detestable
Elle fait vn souspir & tombe sur le sable.
Que tu n'estois point mort ie iure ses beaux yeux,
Et luy dis le sujet du message odieux.
Mais voyant pour luy rendre vn salutaire office
Qu'il eust fallu la voix de l'Amant d'Eurydice,
Et pleurant dans mon cœur ces malheurs apparens
Ie m'en cours tout à l'heure aduertir ses parens,
Qui desia sans remede à leur fascheuse perte
Pour clorre ce beau corps tiennent la tombe ouuerte.

LVCILYS.

Quoy, Cythere est donc morte ? ô Ciel ! ô mon
    destin !
Ses beaux yeux de leur nuict n'aurõt plus de matin.
As-tu peu supporter le trouble de ses charmes,
qui de regards mourans, de souspirs & de larmes
Pouuoient fendre le marbre, & rompre vn dur
    escueil,
Doux charmes renfermez au profond du cercueil ?
quoy donc iusqu'à la tombe elle m'a voulu suiure ?
Cette rare beauté ne m'a donc peu suruiure ?
O trespas clos mes yeux, l'eternel Occident
M'a raui mon Soleil d'vn funeste accident.

On te va donc conduire auec accens funebres
Au seiour du silence & des noires tenebres ;
Maintenant sous la tombe où nul esclat ne luit
Tes yeux seront couuerts d'vne profonde nuit ;
Nymphe des tristes morts tu frequentes les ombres,
Te voilà pour iamais dans leurs demeures sombres ;
Aujourd'huy les destins, ces rigoureux tyrans,
Ma Bergere adorable ont trenché tes beaux ans.
Qu'à ton contentement le Ciel parut contraire
Alors que Lucilys ne pensa qu'à te plaire :
Depuis ce iour fatal, quel mont si deserté
T'a veu l'ame & les yeux en pleine liberté ?
Encore à mon sujet, helas ! beauté si rare,
Des doux rayons du iour la tombe te separe.
Au profond du tombeau pardonne à mon malheur
Diuin corps où la mort imprime sa pâleur,
La plus douce faueur des plus rares merueilles
Ne m'eust point fait laisser tes rigueurs nompa-
        reilles.
Pourrois-ie bien, chere ame, en ce triste Printemps
Regardant la lumiere auoir les yeux contens,
Sçachant qu'à mon sujet l'ombre éternelle enserre
Ton beau corps delicat sous vne rude terre ?

Helas si quelque iour la volonté d'vn Dieu
M'emmenoit d'auanture en ce funeste lieu,
Où maintenãt ton corps peut moins que sa peinture
Nous figurer l'estat que donnoit la nature
A tes puissans appas, à tes diuins thresors,
O malheureux Amant que deuiendrois-je alors ?
Et rencontrant Cydippe aurois-ie du martyre,
Si pleurant sa compagne elle me venoit dire ;
Qu'est deuenu Cythere en quittant ses troupeaux,
Nous ne la voyons plus dessus nos verds coupeaux,
Son depart a rendu nostre forest deserte,
Nos Bergers desolez souspirent de sa perte ;
Pan le Dieu des Pasteurs pleure dans ces forests,
Et mesme son trespas a comblé de regrets
Tout le Ciel d'alentour, les ruisseaux, les fontaines,
Les rochers, les coustaux, les valons, & les plaines.
Tout le monde en languit, & toy n'en meurs tu pas,
Estant mesme accusé de son fascheux trespas ?
Te pensant mort de viure elle a perdu l'enuie,
Et toy tu la vois morte & n'en perds point la vie.
Pourrois-ie sans mourir entendre ce discours ?
Mais alors mes malheurs auront finy leur cours,
Car auant le moment qu'vn tel ennuy m'arriue,

Mon ombre descendra sur l'infernale riue.

Dieux regardez l'ennuy d'vn miserable Amant,

Et luy donnez la mort qu'il s'en va reclamant.

Mais m'ayant tourmenté d'vne si grande iniure,

Puis-je esperer de vous l'heur dont ie vous coniure?

Non, m'ostant sa beauté mon vray souuerain bien,

Vous m'auez tout rauy, de vous ie n'attends rien:

D'ailleurs vn cœur hardy peut côtraindre la parque

A mettre sa pasle ombre en l'infernale barque.

L'œil du Ciel dont l'esclat s'en va desia touchant

Le tenebreux seiour des bornes du Couchant,

Ne luira qu'vn rocher à mon dessein propice,

Ne m'ait veu rendre l'ame au fonds d'vn precipice.

THERMODON.

Resiste, Lucilys, au subit mouuement

Que l'excés de l'ennuy donne à ton iugement.

LVCILYS.

Mon ame s'abandonne à l'excés de la rage,

Au moins ne me suy plus ta presence m'outrage.

THERMODON.

Qu'il s'enfuit de vistesse! helas! pour son cerueau

Luy faudroit rencôtrer quelque Astolphe nouueau.

SCENE II.

MELINDOR. SATYRE. PALEMON.

MELINDOR.

EN fin dans l'Vniuers voicy l'ombre esten-
    duë,
L'ombre que deux Amans ont long-temps attĕduë;
On n'entend plus de bruit, desia les animaux
Dans vn profond sommeil adoucissĕt leurs maux;
Philomele en repos s'est desia voulu taire ;
Ie n'oy que les oiseaux de la nuict solitaire,
Et ne crains plus les yeux des Bergers d'alentour,
qui regardant Cydippe empeschoient son retour.

    O nuict si fauorable aux plus cheres delices,
qui rends de nos amours tes grăds voiles complices,
Pourrois-ie recognoistre auec assez d'encens
Les douces voluptez dont tu remplis mes sens?
Compagne des plaisirs ta course amene l'heure
que Cydippe s'auance à quitter sa demeure.

Dans

Dans ces bords resonnans du mouuement des flots,
Attendant qu'elle arriue, & que les matelots
Conduisent loin d'icy ma course vagabonde,
Ie laisse mes souspirs au murmure de l'onde.
La fortune nous monstre vn fauorable sort,
Nous rendant le Ciel calme abandonnant le port,
Ce départ est facile, vn doux vent le dispose,
Qui passe à trauers l'ombre où la mer se repose,
Tant d'astres tenebreux leur éclat assemblans
Reluisent dessus l'onde à longs rayons tremblans,
Et parmi leur grand nombre on remarque la Lune,
Qui va perçant la nuict d'vne lumiere brune.
Dieu dont la main commande aux gouffres mariniers,
Où le Soleil repaist ses rouges limoniers,
Tethys que Iupiter a long temps desiree;
Vos Nymphes, cheres sœurs filles du vieux Neree,
Vous Tritons azurez, dont les sons merueilleux
Calment dans l'Ocean les monts plus orgueilleux.
Fauorisez mes vœux cheres trouppes diuines,
Qui passez vos beaux ans sous les vagues marines,
Où tournant l'œil en bas vous regardez les Cieux,
Comme l'air transparent le presente à nos yeux:
Reseruez deux Amans dessus l'onde salée

Des Syrtes, de Carybde, & du triste Malée,
Noms qui iettoiët la crainte en l'ame des Nochers,
Quand pour voir vos écueils ie laissay nos rochers;
Dieux assez de malheurs vont menassant ma vie,
Qu'à nos contentemens aucun ne porte enuie.

Retourne ma Cydippe, entrös dans le vaisseau,
La mer à tes regards plus calme qu'vn ruisseau,
Perdant son naturel deuiendra douce & claire;
Ses Nymphes, ses Tritons, ses Dieux te voudront
Ta voix amolira la face des écueils,　　　(plaire;
Où souuent les Nochers rencontrët leurs cerçueils;
Neptune en te voyant sur les vagues parestre,
Pensera voir Venus dessus l'onde renaistre,
Ou la diuine Helene en l'estat où Paris
Fit consentir son cœur à prendre deux maris :
Et des parens fascheux abandonnant la crainte
Qui t'a gardé lög temps l'œil & l'ame en cötrainte,
De voix & de regards nous-nous ferons sçauoir
L'ennuy de nostre absence, & l'aise de nous voir.
Les plus grands immortels qui goustent l'ambrosie
Sçachant mes voluptez mourront de jalousie;
Tu n'empescheras plus mes plaisirs amoureux,
Qu'à fin qu'ils soient long temps plus doux & plus
　　　heureux;

Au lieu de nos regards nos yeux seront ensemble,
Et sans l'empeschemēt dōt souuēt mō cœur tremble,
Mes baisers en suspens prendront quelque loisir
En tes diuers appas de doucement choisir
Ou ta gorge de nege, ou ta bouche de roses,
Receuant tes souspirs sur tes levres décloses,
Tes souspirs amoureux pour composer les miens
Du doux air enflamé qui formera les tiens.
Reuiens donc empescher que mon sort ne m'enuoye
Quelque triste accident qui renuerse ma ioye,
Comme ces flots marins, leur flus & leur reflus,
Viens donc chere merueille & ne retarde plus,
Mais i'entēds quelque bruit sous les colines proches,
C'est elle qui me cherche au panchant de ces roches.
T'égares-tu, Cydippe, en cette obscurité ?
Cydippe de mon cœur, douce felicité,
Delices de mes yeux qnelle ombre te recelle ?
Auance vers la riue où ton Amant t'appelle.

SATYRE.

Ie croyois estre encore & robuste & vaillant :
Mais la crainte à ce coup va mon cœur assaillant,
Ce meschant desloyal ne se voudra point rendre,
Il nous montre en sa main dequoy se bien deffendre :

F ij

Ha ! mes dents de frayeur font vn bruit sans repos,
Comme vn loup affamé qui ronge de vieux os.

MELINDOR.

O dieux ! qu'ay-je apperceu ? voila ce lourd Satyre
Qui souffroit pour Melibe vn rigoureux martyre.
Palemon l'entretient, quel dessein les conduit
Chacun armé d'vn dard à l'ombre de la nuit.

SATYRE.

Ie voudrois estre ailleurs tant ce combat me fasche,

PALEMON.

Satyre veux-tu prendre vne fuite si lasche ?
Ta vertu se va perdre ; vn seul moment destruit
Ton grand esclat d'honneur, & ton glorieux bruit
D'abattre en nos forests les trouppes fugitiues
Des dains, & des cheureux, & des biches crainti-

SATYRE. (ues.

Puis qu'il faut donc côbattre, & que tu viẽs exprés,
Va deuant, car ces bras te suiuront de bien prés.

PALEMON.

Satyre allons d'vne ame où la gloire commande.

MELINDOR.

Palemon pour conduire vne plus digne bande,
Et qui fust mieux conforme à ton brutal courroux,
Il te falloit encor auoir des loups garoux.

Deffends moy de son dard houlette blãche & noire.
Qu'Ormin pour Artemis fit d'ebene & d'yuoire,
Et que m'offrit Cydippe auec vn doux regard,
Houlette en sa faueur deffends-moy de son dard.
As-tu senty ce coup? Mais le Satyre auance.

SATYRE.

A l'ayde, où t'enfuis-tu? voids-tu comme il s'élãce.
O mon dos, ô ma teste, ô mon corps tout brisé!
Que pour les grands combats Mars l'a fauorisé!
Ie suis comme vn serpent qu'on frappe d'vne verge,
Cõme vn fresle vaisseau qu'vn coup d'écueil sumerge
Où tel qu'on me treuua quand helas! il falut
Pour Melibe aux doux yeux hazarder mon salut
A luy porter vn nid du sommet d'vne branche
qui rompât du lourd faix me fit rompre ma hanche.

MELINDOR.

Il m'a blessé le traistre, & puis s'est eschappé
Ce lasche, ce perfide apres m'auoir frappé,
Tandis que ie donnois dessus le monstre infame;
La blessure est cœur, ie m'en vay rendre l'ame.
que deuiendra Cydippe arriuant dans ces lieux,
qui pour me voir encore a tant prié les Dieux,
quand ses regards tiendront leurs diuines lumieres

Sur l'éternel sommeil qui clorra mes paupieres,
Dont les tristes langueurs l'iront entretenir
Du plus fascheux ennuy qui luy sçeust auenir.
D'vn penser si profond cét obiect me tourmente
Qu'en mon cœur languissant Amour me represente
Les diuers changemens dont se peut voir saisir
Vn visage touché d'vn subit desplaisir :
Ses beaux yeux affligez reluisans parmy l'ombre,
Me semblēt l'œil du iour qu'vne éclypse rēd sombre,
Son teint blanc m'apparoist en larmes palissant
Tel qu'à la pluye vn lys paslit en fleurissant ;
Et dans l'ame i'entends sa bouche qui souspire,
Ainsi que se plaindroit cét amoureux Zephire,
Si voyant sa Cloris en semblables malheurs,
Le regret l'empeschoit de produire des fleurs.
Mais ne plaise au destin que la melancholie
Me respande en l'esprit tant d'excés de folie,
De iamais consentir à suiure aucun dessein,
Qui trouble ses doux yeux, ou fasche à sõ beau sein :
Il ne faut pas, Amour, qu'à sa douce rencontre
En ce triste accident son Melindor se montre ;
Non i'ayme beaucoup mieux, craignãt de la fascher
Auançant mon trespas sous l'onde me cacher :

Mais me treuuant absent d'vne atteinte mortelle
Son cœur soupçonneroit que ie fusse infidelle,
Et ce doute apparent luy causant vn transport
Luy seroit plus fascheux que de m'auoir veu mort;
Qu'elle accuse le Ciel de se voir affligee,
Plustost que son Amant l'eust tant desobligee.
Pourtant l'homme rend l'ame ayant le cœur percé,
Le mien des traits d'Amour s'est souuent trauersé,
Mais si d'vn bras mortel i'eusse receu l'atteinte
Ma lumiere au couchant se fust alors esteinte :
Amour m'a garenty, ialoux qu'vn bras humain
Blessast vn cœur vaincu d'vne diuine main.
Attendant ma Cydippe il faut bien que i'estanche
D'vn jus d'herbe le sang que ma blessure espanche,
Et faut sans nulle plainte aux douleurs resister
Pour luy cacher mon mal de peur de l'attrister :
Ie ne sçaurois connoistre vne herbe salutaire,
Deux vieillards au panchãt d'vn coustau solitaire,
D'vn coustau si prochain que l'ombre en tombe icy
Quand sur la fin du iour le Monde est obscurcy,
Me pourront secourir; le Ciel les fauorise,
Leurs antres sõt voisins, l'vn d'eux se nõme Chryse;
Chryse qui d'vn saint zele enuers les Dieux puissãs

Quand la nature manque aide aux corps languif-
    fans.

L'autre d'humeur plus fombre eft le fçauãt Ifmene,
Qui lors qu'au Ciel obfcur la Lune fe promene,
Recueille à fa clarté fon remede en nos mons,
Et quand nature manque a recours aux demons.
Lequel dois-ie employer? la puiffance diuine
Vaut mieux que les demons, qui d'vne humeur
    chagrine
Abufant bien fouuent les plus ingenieux,
Font d'autant plus de mal qu'on les adore mieux.
Ie m'en vay donc vers l'antre où ce bon Sainct re-
    fide,
Pour me guerir du coup de ce Berger perfide,
Attendant que ie vienne en ce preffant befoin,
Houlette exprime-luy, voftre Amant n'eft pas
    loin.

SCENE III.

CYDIPPE. CYRENE.

CYDIPPE.

QVe mes fascheux parens m'ont long temps
  retenuë !
Mais trompant leurs regards me voicy reuenuë :
Tous d'vn cruel accord me vouloient engager
A donner ma franchise aux plaisirs d'vn Berger,
Qui depuis deux moissons parlant de sa fortune
Trauerse mes desseins, m'afflige & m'importune.
Ie me conduis dans l'ombre en ce desert affreux,
Sans troubler en marchant le calme tenebreux,
De peur qu'on m'apperçoiue, essayant de me rendre
Aux bords où Melindor m'a promis de m'attendre.
Nous auons fait dessein d'estre en ce mesme endroit
Si tost qu'en l'Vniuers cette ombre s'estendroit,
Toutesfois dés long temps la nuict couure la terre
Sãs qu'elle nous assemble en quelque part que i'erre.

Peut-estre en ces rochers, où murmurent les tons,
Dans ces antres marins, doux sejour des Tritons,
Melindor considere en quelle inquietude
Ie regarde les flots, l'ombre & la solitude.
Berger si tu m'entends qu'vn riuage estranger
De mes parens cruels nous oste le danger.
Mais las ie n'entës point que mon Amant responde,
Ma voix & mes regards se perdent dessus l'onde.
Pourrois-ie receuoir quelque semblant de peur,
Qu'vn si fidele Amant fust deuenu trompeur ?
S'il rompoit sa parole, où i'ay tant d'asseurance,
Où pourrois-ie fonder vne ferme esperance ?
Deesse des forests, Sœur de l'Astre vermeil,
Dont le Berger sommeille en repos nompareil ;
Astres qui percez l'ombre & que l'amour enflame,
Beaux Astres tenebreux, helas ! ie vous reclame :
Et vous Nymphes de l'onde où le Ciel luit si beau,
Nymphes qu'en l'onde Amour brusle de son flam-
Solitude, silence, ombre, cauernes creuses,   (beau,
Et vous esprits errans dans les nuicts tenebreuses,
Doux esprits amoureux, de vos corps separez,
Assemblez dans ces bords deux Amants égarez.
O Dieux ! la triste Echo respöd seule à ma plainte,

Vne douceur nocturne emplit mes sens de crainte.
Helas! qu'ay-ie apperceu? le present d'Artemis,
Melindor est icy, puis qu'il me l'a promis :
Peut-estre qu'il sommeille au son doux & sauuage
Dont cette onde murmure en battant ce riuage.
Qu'ay-ie encore apperceu? d'où vient cette clarté,
Qui lance des rayons dedans l'obscurité?
C'est du fer, c'est vn dard; Dieux ce dard infidelle
Sans me toucher me donne vne atteinte mortelle.
Il est rouge de sang : traistre & rigoureux fer
Vn demon t'a formé dans la flame d'enfer.
Las mon Berger est mort! dard funeste & per-
      fide,
Dard de mon cher Amant le funeste homicide.
Malheureux Melindor, les cruels Matelots
T'ayant frappé d'vn dard t'ont caché dàs ces flots.
O Iustice des Cieux qu'estes-vous deuenuë?
Quoy donc la vaine foudre en l'enclos d'vne nuë,
D'vn murmure confus estonne l'Vniuers?
Vous souffrez sans vengeance vn crime si peruers?
Sauuages Dieux de l'onde où commande Neptune,
Vous malheureux témoins de ma triste infortune,
Car helas! sur vos bords vont finir nos amours,

Vous l'auez veu mourir sans luy donner secours ;
Et toy sœur du Soleil, tenebreuse lumiere,
Qui luisois quand la mort luy fermoit la paupiere,
En faueur du Berger qui brusle à tes regards
Tes traits l'eußēt bien peu deffendre de leurs dards.
Mais sans raison les Dieux sont blâmez de ma
    perte,
Les Dieux en mon sommeil me l'auoiēt découuerte,
I'y deuois bien penser ; mais l'aise du retour
M'ostant tous les regrets de son fascheux sejour,
Par vn si doux transport me rendoient insensee,
Qu'au seul contentement i'occupois ma pensee.
O mon cher Melindor tu n'es donc plus viuant,
Pleust au cruel destin qu'en ce bord arriuant
Mes regards affligez t'eussent trouué sur l'heure
Que ton ame expiroit de sa belle demeure :
Par ma plainte mourante, & par mes tristes yeux
D'vn tel excés d'ennuis i'eusse touché les Cieux,
Que vaincus de pitié malgré leur ordonnance
Ils eussent destourné ta fatale influence.
Et quand les Cieux cruels à mes tristes discours
Plus que ces durs escueils se fussent rendu sours,
Me panchant sur ta bouche, & l'arrousant de lar-
    mes,

De souspirs languissãs, de baisers pleins de charmes
Arrestant ta chere ame au sortir de ton corps,
I'eusse adouci la Parque ou vaincu ses efforts.
Helas ! en quel discours va ma raison confuse ?
Te rencontrer viuant le destin me refuse
Parmy tant de regrets dont mon cœur est atteint
La douceur de mourir dessus ton corps esteint :
Ceux qui t'ont massacré t'ont mis dessous le sable
Pour cacher aux humains leur crime detestable.
Ie consolois mon cœur de ses regrets passez,
Esperant qu'auiourd'huy les Dieux seroiẽt lassez
D'entẽdre incessammẽt plaindre vne ame innocẽte,
mais quoy? pl⁹ que iamais leur rigueur me tourmẽte ;
Car tes yeux sont couuerts d'vn funeste sommeil
Tu ne reuerras plus les rayons du Soleil,
Tu ne reuerras plus, Amant cher & fidelle,
que l'ombre de Cydippe en la nuict eternelle.
Pleust au cruel destin que le Ciel m'eust permis,
qu'entrãt dãs ce lieu triste où nos malheurs t'ont mis
Le souuerain des morts fust content de mon ombre,
Et te laissast sortir de sa demeure sombre ;
En mourant ie prendrois ce doux contentement
De montrer que Cydippe aime parfaitement.

Puis qu'helas deformais la nuict triste & profonde
Nous deffend les plaisirs, de nous reuoir au monde,
Cher object de mon cœur combien dans mon trespas
Pour te rendre viuant ie gousterois d'appas ?
Quand tu regarderois ces forests, ces colines,
Et ces rochers panchans sur les vagues marines,
Où nous auons passé quelques momens si doux
En gardant nos trouppeaux qui paissoient deuant
    nous,
Melindor, mon Berger, vn iour tu ferois gloire
De rendre quelque larme à ma triste memoire.
Mais quand tu reuiendrois, fidelle Melindor,
Au sejour où l'Aurore estend ses tresses d'or,
Si ta chere Cydippe auoit cessé de viure,
De regret & d'ennuy tu mourrois pour la suiure;
Ie le connois assez par mon propre dessein,
Car ie veux de ce dard me donner dans le sein.
Adieu donc, ô forests, dont iamais le fueillage
Ne refuse aux Amans de fraischeur ny d'ombrage,
Adieu vallons secrets, témoins de mes souspirs,
quãd ie perdois ma plainte au doux son des Zephirs;
Ie prens congé de vous, ô Nymphes bocageres,
Et de vous mes brebis, cherchez d'autres Bergeres,

Ie ne vous verray plus : car ie cede aux malheurs,
Sur le panchãt des mõts choisir l'herbe & les fleurs.

CYRENE.

Cette ieune beauté semble desesperee,
Ie m'arreste à l'ouïr sur les flots de Neree,
Tandis que mon deuoir tarde à la secourir,
Car selon son discours ell'est preste à mourir.

CYDIPPE.

Regarde Melindor si ma flame est legere,
I'en rẽdrois vne preuue & plus douce & plᵒ chere,
Mais tu n'es plus au monde, & Cydippe te suit.

CYRENE.

Malheureux que ie suis, vne funeste nuict
Esteint dans ses doux yeux la clarté belle & pure :
Que n'ay-ie destourné sa cruelle blessure !
Mais i'entens discourir des Bergers de ce lieu,
Qu'icy pour l'emmener conduit quelque bon Dieu.
Conduissez-la Pasteurs, dedans vostre village,
Rompez pour l'emporter du bois en ce bocage :
De dire l'accident qui termine ses iours,
L'excés de la tristesse empesche mon discours !
Sans peine à ses parens vous la pourrez conduire,
La Lune en sa faueur s'efforce de mieux luire.

CHOEVR.

CRuel Amour que ton flambeau
Tourmente les Amants d'infortune diuerse!
Iusqu'au silence du tombeau
Leur funeste repos endure des trauerses,
Et les beaux iours d'hyuer viennent moins raremẽt
Que leur contentement.

Dans les antres comblez d'horreur,
Et parmy les deserts les plus inaccessibles,
Quels animaux pleins de fureur
Aux traittemens receus ne deuiennent sensibles?
Mais quoy plus on t'adore en son cœur souspirant
Plus tu vas martyrant.

Vn seul moment de volupté
Dans les rauissemens des aymables caresses
N'est iamais purement gousté,
Quelque fascheux object y cause des tristesses,
Ou la crainte du blâme, ou le soin d'vn jaloux
Rend ces plaisirs moins doux.

Quand la Nature est en repos,
Que d'vne couleur noire on void la terre peinte,
Dieux!

Dieux! nos forests n'ont point d'écôts
Dont la voix ne raconte vne amoureuse plainte,
Et dans nos beaux valons, helas ce ne sont plus
Que regrets superflus.

    Mais c'est en vain que l'homme attent
Des faueurs de ce Dieu si meschant & si traistre,
Luy qui iamais ne fut content
Qu'il n'eust blessé Venus dont il a pris son estre,
Et qui par son dard mesme eut le cœur si touché
Des graces de Psiché.

    Sus Bergers conduisons ce corps,
L'appuyant sur nos bras iusqu'à nostre vilage,
Beau corps qui du nombre des morts
Semble vn lys ieune & tendre abbatu par l'orage;
Ses parens desolez mourront d'vn iuste dueil
Le mettans au cercueil.

G

ACTE CINQVIESME.

SCENE I.

MELINDOR. CYRENE. LYCORIS.

MELINDOR.

I'Ay veu ce bon vieillard, l'effect de son remede
Termine ma douleur, mon salut en procede,
Le Dieu de la Lumiere esclairant l'Orison
N'eust sçeu mieux rēdre vn mal en douce guerison.
Heureux si i'apperçoy que ma Cydippe arriue,
Mais triste & desolé si le destin m'en priue.
En ce bord vn pescheur attentif aux poissons
Se panchant dessus l'eau leur tend des hameçons,
Ie luy veux demander s'il ne me sçauroit dire
Qu'est deuenu l'object pour qui mon cœur souspire.

Errant parmy cette ombre en ces longs promenoirs,
N'as-tu point veu, pescheur, luire deux astres noirs,
Luire les beaux yeux bruns d'vne ieune merueille?
Qu'à prendre les poissons Neptune te conseille.

CYRENE.

Helas i'ay tantost veu dans ce bord où ie suis
Vn funeste accident qui me comble d'ennuis.

MELINDOR.

O ma chere Cydippe ! ô triste coniecture !
Acheue ton discours, amy ie t'en coniure.

CYTHERE.

L'ombre chere au sommeil qu'vn doux silence suit
Auoit chassé du iour la lumiere & le bruit,
Quand i'entẽds vne nymphe errãt dessus ces riues,
Appeller Melindor en paroles plaintiues,
Et pour le rencontrer ses yeux iettoient du iour
D'vn regard doux & triste en l'ombre d'alentour.
Mais cherchant son Amant, alors elle rencontre
Vn dard ensanglanté que la Lune luy montre,
Dard laué de ses pleurs, qu'apres elle a rendu
Plus rouge que deuant de son sang respandu.
I'en sens du repentir, car au lieu de l'entendre,
Contre ses propres mains ie la deuois deffendre,

Mais helas! ie n'ofois troubler fes beaux accens
Tant leurs triftes douceurs m'auoiët charmé les sẽs;
Quelques Bergers l'ont prife & l'ont cõduite morte.
O Berger, Dieux, l'ennuy l'afflige en telle forte
Qu'il femble de la foudre auoir efté touché,
Pâliffant dans mes bras fans mouuement couché.
Bords, ô funeftes bords! n'y reuiens plus Cyrene;
Quitte ce miferable, eftends-le fur l'arene,
L'infortune eft fatale en ces cailloux menus.

MELINDOR.

Doux charmes, doux attraits qu'eftes-vo⁹ deuenus?
O dieux fi par mes vœux ie vous pouuois refoudre,
A finir mes regrets d'vn prompt efclat de foudre,
Ie ferois plus heureux le trefpas m'arriuant,
Que fi dedans le Ciel vous me rangiez viuant.
Doux fejour des mortels, ô fauorable terre,
Les Dieux à mon fecours refufent leur tonnerre,
Sois-moy plus pitoyable, ouure ton vafte corps,
Et me laiffe defcendre en l'Empire des mòrts.
Cydippe en ma faueur la terre s'eft fenduë,
De la nuiĉt eternelle icy l'ombre eftenduë,
Et le filence affreux font doux à mes regrets,
Quelque rayon me luit comme dans les forefts,

Au trauers d'vn feuillage on void luire la Lune,
Qui respand parmy l'ombre vne lumiere brune.
Dessous la terre encore Amour conduit mes pas,
Son doux flambeau m'éclaire au sejour du trespas,
A fin que ie descende où le destin demeure
Pour en tirer Cydippe, ou mourir tout à l'heure.
Tu me verras, chere ombre, en ce triste sejour,
Pour te montrer encor vne excessiue amour,
Tu m'y verras sans cesse, ô Bergere adorable,
Si l'Enfer à ma voix se trouue inexorable.
Voicy le fleuue morne où ie m'en vay nager,
Sans craindre le courroux de ce vieux passager.
Tout ne semble qu'vn songe en ce funeste Monde,
M'élançant dans ce fleuue à peine sens-je l'onde,
Et sa course respand vn si triste crystal,
Qu'aucun trouppeau n'en paist le riuage fatal.
Allons deuant Pluton dans sa triste contree
Malgré ce mõstre affreux qui m'en deffend l'ẽtree.
Mais ô dieux quel esclat ! quelle flame reluit !
Quels feux estincelants s'épanchent dans la nuit !
Quel murmure confus rompt cét affreux silence !
quel esprit se lamente en triste violence !
Voicy les murs de flame & le sceptre de fer,

G iij

Dont le Prince des morts commande à tout l'Enfer,
Voila Pluton, Minos, Eaque, & Radamante,
Qui peuuent rendre l'ame à ma fidele Amante.
Maintenãt doctes Sœurs du grand Astre vermeil,
Inspirez dans ma plainte vn charme nompareil.
Prince du creux Empire où tous les viuãs tombent,
Car helas aux destins tous les mortels succombent,
Et vous Iuges des morts dont les seueres voix
Ont sousmis iustement tout l'Enfer à leurs loix,
Dãs ce lieu plein d'horreur, de silence, & de crainte
Donnez vn seul moment pour entendre ma plainte.
Ie ne sens point dans l'ame vn dessein curieux
D'emmener Proserpine, ou le Chien furieux ;
D'vn trouppeau de brebis la malheureuse guide
N'imite point Thesée, ou la gloire d'Alcide :
La Parque à ma Bergere a trenché les beaux ans
Comme vn subit orage abat des lys naissans.
Son ombre me cõduit, & si vous l'auez veuë,
Elle est bien de beautez, & d'appas si pourueuë,
Qu'au souuerain plaisir d'y penser seulement,
Vos esprits tous charmez perdent l'estonnement
Qu'vn Berger amoureux qui dans son cœur l'adore
Vienne en vostre sejour pour la reuoir encore.

Ie doute en regardant l'Empire sousterrain,
Si le vainqueur des Cieux est vostre souuerain;
Mais si les vieux discours n'augmentẽt sa puißãce,
L'enfer, comme le Ciel luy rend obeïssance.
Conduit donc par l'Amour, sombres diuinitez,
Par des chemins couuerts de tant d'obscuritez,
Me voicy descendu dans vostre morne Empire,
Demandant la beauté pour qui mon cœur souspire.
Ostez de ses doux yeux le funeste sommeil,
Rendez à leur esclat les rayons du Soleil,
Renoüez ses beaux ans, Amour vous en conjure,
Par l'extréme douleur que ma pauure ame endure,
Par vos sombres manoirs, par le silence affreux,
Qui regne incessamment dans ces lieux tenebreux.
Cette rare faueur qu'vn Amant vous demande
Ne peut estre à ses vœux ou plus chere ou plꝰ grãde;
Mais souuerain d'Enfer le bon-heur que i'attends,
N'est que donner vn terme aux outrages du temps.
Regardez depuis l'onde où l'Aurore s'esueille,
Iusqu'aux bords reculez où le Soleil sommeille,
Ces belles dont l'esclat estonne l'Vniuers,
Et leurs Amans rauis de leurs appas diuers,
En peu de iours verront vostre sombre demeure;

G iiij

Ainsi veut le destin que tout le monde meure,
Et moy-mesme & Cydippe, object si precieux,
Nous reperdrons bien tost les doux rayons des
     Cieux :
Mais si vos sentimens refusent ma priere,
Ie ne desire plus de reuoir la lumiere.
Que Pluton semble émeu d'entēdre mes mal-heurs,
Ces trois Iuges d'enfer en répanchent des pleurs,
Et tant d'esprits errants que ma douleur attire
D'vne image de pleurs vont plaignās mon martire.
Mais i'aurois beau d'encēs parfumer leurs Autels,
Nul ne rend ma Cydippe au sejour des mortels.
Si Pluton rigoureux me retient ma maistresse,
Ie mettray dans l'enfer vn desordre sans cesse,
De plaintes, de regrets, de continus propos
I'affligeray les morts en leur triste repos,
Le silence infernal, silence épouuentable
Sera tousiours troublé de ma voix lamentable :
Mais le Dieu des Amans me donne assez de cœur
Pour l'emmener par force, & me rēdre vainqueur
De Pluton, des Demons, des Destins & des Par-
     ques,
Qui terminēt l'Empire aux plus puißās monarques.

I'apperçoy la forest des Myrtes verdissans,
Où prennent la fraischeur tant d'Amans palißãs :
Dieux ! ie voy ma Cydippe à trauers cét ombrage,
Vne triste pasleur change vn peu son visage.

LYCORIS.

Desia la nuict s'auance au milieu de son cours,
Tant de rares festins, tant de plaisans discours,
Que nos voisins ont faits à deux grands mariages,
Me font retourner seule au long de ces riuages.

MELINDOR.

Diuins yeux dont l'esclat m'est si triste & si
                    doux,
L'ennuy de vostre absence amene deuant vous
Le malheureux sujet, qu'en ces maisons funebres
Vos regards sont bornez de ces noires tenebres.
Bergere i'ay perdu tous mes contentemens,
Soulage vn peu mon mal en tes embrassemens :
Tu te perds dans mes bras, tu deuiens impalpable,
Et mesme tu t'enfuis ; l'enfer n'est pas capable
Par son fleuue d'oubly d'effacer à l'instant
Le souuenir d'vn cœur trop ferme & trop constant,
Puis que ta paßion vn peu trop violente
Est cause maintenant que tu n'es plus viuante.

LYCORIS.

N'eſt-ce pas Melindor? ie me porte fort bien,
A ſes regrets confus ie n'entends du tout rien ;
On l'a tenu pour mort, que ma frayeur s'augmente!
Eſt-ce vn phantoſme errant qu'encor Amour tour-
(mente?

MELINDOR.

Ma Nymphe tu t'enfuis comme vn ſonge leger,
Quoy n'aimes-tu donc plus ton fidelle Berger.
Mais d'vn excés d'ennuis ma raiſon s'imagine
D'érrer au triſte Empire où regne Proſerpine.
Icy le beau Soleil eſpanche ſes rayons,
La nuict y peint les Cieux de tenebreux crayons ;
Et puis pour rencontrer cette beauté celeſte,
Il faut aller au Ciel, non dans l'ombre funeſte.
Ie m'en vay donc ſortir de ce mortel lien,
Peut-eſtre mon eſprit pourra ſuiure le ſien.
C'eſt icy Lycoris, cette Nymphe agreable,
Qui craignant mon abord s'enfuit deſſus le ſable :
Ie là trouue à propos, i'auray du reconfort
Qu'elle raconte vn iour le ſujet de ma mort,
Et l'imprime en quelque arbre où ma triſte auan-
ture
Renfermera ce corps dans vne ſepulture.

Lycoris.

Sans doute il est viuant, ie le veux secourir :
Melindor n'est pas mort?

Melindor.

                    Non, mais ie veux mourir,
Puis qu'helas i'ay perdu cette aimable Bergere,
qui m'est encore en l'ame & si belle & si chere,
Et non pas sans sujet ; helas ! ma Lycoris
Ce thresor merueillenx d'appas doux & cheris,
Cette rare beauté ne peut estre renduë
Aux vœux de Melindor.

Lycoris.

                    Crois-tu l'auoir perduë
A cause qu'vn Berger se pasme en son beau sein?
Ne change point d'object, demeure en ton dessein,
Parlons confidemment, sçache quoy qu'il aduienne,
qu'après tant de malheurs Cydippe sera tienne.
La sombre obscurité cache moins les plaisirs
Dont les subtils Amans contentent leurs desirs,
que l'ombre d'vn mary qui couurant leurs delices
Guerit secrettement leurs rigoureux supplices

Melindor.

Ses beaux yeux au tombeau sont helas confinez !

A mourir en naissant beaux Soleils destinez.
Veux-tu sur mon trespas troubler ma fantaisie
De regrets & d'ennuis si puissamment saisie?

LYCORIS.

Elle est viuante au moins, si d'vn rauissement
Elle n'a rendu l'ame au doux embrassemeut
Du Berger Palemon.

MELINDOR.

Ma Cydippe est viuante,
O combien doucement cette fable m'enchante!

LYCORIS.

Melindor, Melindor, i'ay d'elle mesme appris
Ce fascheux accident qui trouble tes esprits.
Sçache donc que Cydippe en souspirant ta perte
M'a conté, qu'abordant cette riue deserte
En te pensant trouuer, d'vn malheureux regard
Tout ioignant ta houlette elle rencontre vn dard,
Marque de ton trespas, dont elle s'est blessée,
Ne pouuant resister à sa triste pensée.
Ses parens malheureux pretendoient follement
D'elle & de Palemon faire l'assemblement,
Lors que nous auons veu l'atteinte rigoureuse
Dont la trouppe a semblé moins triste qu'amoureuse,

Tant les traces du sang, & la douce pasleur
Rendoient en son visage vne belle couleur,
Belle & douce à nos yeux plus qu'vne rose blan-
  che,
qui languit quand les vents la tirent de sa branche.
Pense combien d'ennuis ce malheur a causé,
Sur tout à Palemon, qui s'estant proposé
De trouuer à ses vœux cette nuict fauorable
Voyoit de ce beau corps l'estat si déplorable.
Il a paru surpris d'vn sombre estonnement,
Et puis s'est escrié souspirant tristement ;
O beaux Soleils panchans dessus l'ombre eternelle,
Icy le repentir d'vne ame criminelle
Ne veut point maintenant auoir grace de vous
De m'estre ainsi rendu si traistre & si ialoux,
Et d'estre le sujet par vn acte barbare
que de l'esclat du Ciel la Parque vous separe ;
Ie m'en sens trop indigne, & ie n'y pretens pas :
Mais beaux yeux en perdant vos glorieux appas,
Pour en tirer au moins vne triste allegeance
De vos regards mourans voyez-en la vengeance.
Là calmant son visage & terminant ses cris,
De ce funeste dard qu'il auoit desia pris

Aux Pasteurs qui portoient ton Amante fidelle
S'ouure le sein sans crainte & tombe deuant elle.
Alors en diligence on void venir des mons
Ismene ce vieillard, qui commande aux demons,
Qu'vn Berger amenoit d'vn antre solitaire
Pour donner à Cydippe vne herbe salutaire.
Contemplant ces deux corps dénuez de vigueur,
Sans d'vn fer outrageux employer la rigueur,
Il marque vn cerne en terre & trace des figures;
Prononce en murmurant des paroles obscures;
Trois fois deuers l'Aurore, & trois fois au Cou-
     chant,
Eslance vn regard sombre, & soudain respanchant
Vn jus sur les blessez, qui surmonte les Parques,
De leurs grands coups mortels laisse à peine les
     marques;
Et sçachant des Bergers que Palemon charmé
Des graces de Cydippe aimoit sans estre aimé;
Formant encore vn cerne, & disant des paroles
Que les demons sçauans montrent dans leurs écho-
     les,
Il épanche autour d'elle vne douce liqueur,
Dont il a fait serment de le mettre en son cœur.

De faict cette Bergere a paru moins farouche,
Palemon tout charmé se pasme sur sa bouche,
Voyant dans ses doux yeux vn fauorable accueil,
Soit qu'elle te pensast au profond du cercueil,
Soit que l'heureux Amant tesmoignant tant de
   flame,
Du mespris de la mort eust vaincu sa belle ame,
Soit qu'vn pouuoir magique allumant nos humeurs
Nous inspire l'amour & nous change les mœurs,
Si bien qu'entre ses bras il prend la recompense
D'vn zele si constant ; mais ce discours t'offense.

MELINDOR.

Que peut-on figurer de plus heureux que luy ?
Sans doute, Lycoris, i'en ressens de l'ennuy ;
Mais quelque desplaisir que mon destin m'enuoye,
Mes plus fascheux regrets cederont à ma ioye,
Tant depuis ton discours ie sens mon cœur changé
De l'estat où l'ennuy l'auoit tantost rangé.

LYCORIS.

Crois-tu que Lucilys dans le sein de Cythere,
Soit moins content que luy ? tu cognois la Bergere
Que son Amant fidelle aime parfaitement ;
Voicy l'heureuse nuict de leur contentement.

MELINDOR.

Apres tant de refus Lucilys la poſſede,
Il ne pouuoit guerir par vn plus doux remede,
Mais apprens moy cõment leurs parẽs l'ont permis,
Que dés long temps l'enuie a rendus ennemis.
Ma Lycoris commence.

LYCORIS.

Attens, ie me prepare
Pour t'en raconter mieux l'auanture aſſez rare.
Thermodon ce Berger, dont l'agreable voix
Attire à ſes chanſons les rochers & les bois,
Comme Terpandre eſcrit de l'amant d'Eurydice,
Chantoit dãs nos foreſts qu'au fonds d'vn precipice
Lucilys de triſteſſe & d'amour agité
D'vn deſſein furieux s'eſtoit precipité.
Cette Nymphe amoureuſe en ſçachant la nouuelle,
Et receuant dans l'ame vne atteinte mortelle,
Sur le bord du ruiſſeau ſe laiſſe éuanoüir,
Paſle, ſans mouuement, ſans parler, ſans oüir,
Ceux qui luy découuroient l'erreur de ce meſſage,
Qui la fait croire morte vne heure ou dauantage.
Lucilys l'ayant ſçeu s'en court incontinent,
Et monte en ce riuage vn rocher éminent,

D'où

D'où panchant ses regards dessus sa Nymphe ay-
   mee,
Sa Nymphe qui sembloit n'estre plus animee,
Et perdant la raison dans sa triste fureur
Au sommet d'vn rocher qu'on admire en terreur,
Il accuse le Ciel, & s'élançant vers elle,
Nomme encor en tombant la fortune cruelle.
Deuant qu'au dur sablon son corps fust paruenu,
Des rameaux enlacez l'ont vn peu soustenu :
Mais cependant sa cheute estoit si dangereuse
Qu'il s'en alloit mourir sans la belle amoureuse,
Qui se leuant au bruit de ce peuple assemblé
Bruit si grand qu'à l'entour la terre en a tremblé,
S'afflige, se tourmente, & l'arrousant de larmes
L'appelle incessammét d'accéts si pleins de charmes,
Que d'vne voix mourante aussi tost son Berger
Témoigne en la baisant n'estre plus en danger.
Tous leurs parens vaincus d'vne amitié si ferme
Veulent qu'vn mariage opposé vn dernier terme
A leurs regrets mourants, à leurs cris superflus,
Resolus que l'amour ne les tourmente plus.
Enfin ces bons vieillards appaisent leur querelle,
Combien qu'auparauant on la creust immortelle.

Penſant à Lucilys tu peux cognoiſtre aſſez
quel changement ſuccede à ſes regrets paſſez :
Ayant creu ſa Bergere en l'infernale riue
Trouuer qu'elle luy monſtre vne ardeur exceſſiue ;
Des parens appaiſez voir vn conſentement
Fauorable à merueille à leur contentement ;
Et maintenãt dans l'ombre apres l'heureuſe preuue
Du plus fidele Amant que iamais femme treuue,
Rauy d'aucun reſpect n'eſtant plus retenu
Toucher les doux attraits d'vn ſi beau corps tout nu.
Mais iuge ſon plaiſir d'vne feinte agreable,
Figure toy Cydippe en liberté ſemblable.

MELINDOR.

Vne fille à minuict dans ce bord eſcarté,
Ieune, belle, agreable, & ſeule & ſans clarté
Penſe eſtre en aſſeurãce au pouuoir d'vn ieune hõme
Luy faiſant des diſcours dont Amour le conſomme.

LYCORIS.

Cydippe te rauit d'vn charme ſi puiſſant
Que Lycoris t'inſpire vn feu bien languiſſant.
Mais, Berger, mes appas rempliſſent de leur gloire
La Sene, la Garonne, & les bords de la Loire :
Si Lycoris te plaiſt tu n'auras pas beſoing

Pour estre plus heureux d'employer vn grand soing.
Tes parens mesprisans les champs, & le mesnage,
Ne t'ont fait succeder qu'à leur humeur volage;
Or sçache qu'en tous lieux Pan benit mes trou-
    peaux,
Soit au panchant des monts, soit dessus leurs cou-
    peaux,
Et que fille aujourd'huy parmy ces bergeries
N'esgale ma richesse en forests ny prairies.
Des Nymphes de nos bois Cydippe seulement
Me surpasse en beauté, mais bien peu d'agrément.
A l'esclat du Soleil on me trouue vn peu noire,
Mais quoy? l'ebene obscur est beau comme l'yuoire;
La nuict est noire & sombre, & la blancheur du
    iour
Paroist beaucoup moins propre aux douceurs de
    l'amour;
Et la belle Cydippe, où tant de grace abonde,
Des yeux & des cheueux semble encore moins
    blonde :
Mais sans mentir son teint me surmonte en blan-
    cheur,
Teint qui d'vn lys naissant figure la fraischeur.

Elle esclatte à la dance en grace nompareille,
Et c'est vn bruit commun que ie dance à merueille.
De la hauteur du corps ie ne l'esgale pas,
Mais i'esgale Cythere, object tout plein d'appas.
Elle entend les chansons, dont le Tage resonne,
Et mesme en les disant sa douce voix estonne :
Moy ie charme en chantãt les merueilleux accords
Dont l'Arne en tous endroits fait renommer ses
　　　bords.
　　Or nous veillons bien tard dans ce desert sau-
　　　uage,
Allons tous deux ensemble, allons vers mon village,
Où tu peux, Melindor, veiller plus doucement
Que ces Bergers rauis dans leur contentement.

MELINDOR.

Allons sans retarder où Lycoris commande,
Puis qu'elle me veut faire vne faueur si grande.

LYCORIS.

Oüy si ta sage humeur ne commence à passer,
Qui prisoit beaucoup plus de se pouuoir lasser
L'esprit sur les chansons qui nous parlẽt d'Helene,
Que le corps dans son sein de beauté plus qu'hu-
　　　maine,

Quand elle reuiendroit en l'estat glorieux
Où le Berger du Xanthe en fut victorieux ;
Car tu pourras gouster d'aussi rares merueilles,
Dont les parfaits accords enchantent les oreilles.

MELINDOR.

Ie veux, ma Lycoris, suiure tes volontez,
Combien que ie pensasse à d'autres voluptez,
Plus douce que la voix de ces Nymphes marines
Qui charment les Nochers de leurs chansons di-
    uines ;
Et puis l'amour m'enflame en si douces façons,
Que ie ne songe guere au plaisir des chançons.

CHOEVR.

EN fin parfaits Amants finissez vos tristes-
    Nul riual ne vous nuit,   (ses,
De souspirs, de baisers, & d'aimables caresses
Troublez le calme de la nuit,
Et banissant d'amour les rigoureux supplices
Rendez l'ame dans ses delices.
    A ces diuins objects de voluptez sans nombre
Contentant leurs amours,

Montrez ces doux plaisirs à la faueur de l'ombre
Que leur ont caché tant de iours ;
Et bannissant d'Amour les regrets & les larmes,
Rendez l'ame parmy ses charmes.

    Que châcun de vous donne à sa Nymphe ce-
Vn tel contentement,   (leste
Que parmy leurs plaisirs nul regret ne leur reste
Que d'vn si long retardement ;
Et terminant d'Amour les dures tyrannies
Goustez ses douceurs infinies.

    Fournissez aux trouppeaux de nos belles cam-
Des Bergers apres vous :   (pagnes
Peuplez-en nos forests, nos valons, nos montagnes,
Iamais trauail ne fut plus doux :
Sur tout changez d'Amour tant de douleurs mor-
En mille voluptez nouuelles.   (telles

F I N.